アラブはなぜユダヤを嫌うのか

中東イスラム世界の反ユダヤ主義

藤原和彦 著
読売新聞・元カイロ支局長

ミルトス

まえがきに代えて——
荒唐無稽のイスラエル人スパイ事件

イラク戦争で崩壊したフセイン元政権は、アラブ民族主義を掲げる一方でユダヤ人抑圧策を採った。ユダヤ人はかつて、首都バグダッドの人口の二割を占めた。しかし、二〇〇三年三月のイラク戦争開戦時点で四十人にも満たなかった。ユダヤ人のイラク脱出は一九四八年のイスラエル建国前後に本格化したが、だめ押しとなったのが、七九年のフセイン政権の登場だった。

さて、同政権の崩壊で、海外のイラク系ユダヤ人は帰還するのだろうか。

バグダッド大学の大学院で学ぶユダヤ人シャルフバニ（36）にインタビューしたカナダのエドモントン・ジャーナル（二〇〇三年五月三日付）は、こう報じた。

「その可能性はまったくない、とヤコブ・シャルフバニは言う。彼は、何度も裏切られてきただけに、（フセイン政権崩壊後）新しい民主的なイラク政府が誕生し、あらゆる人々に自由と正義を与えるなどとはとうてい信じられない」

シャルフバニ発言の本音を推し量れば、反ユダヤ主義が一般化したイラクで、いかなる新政権であれ、とりわけユダヤ人に対して自由と正義を保障するとはとうてい考えられない、また、そうした国にどうしてユダヤ人が帰ってくるだろうか――となろう。シャルフバニ自身、インタビューに今後早期にイラクを離れる決心と語っていた。そして二〇〇七年六月、バグダッドに残るユダヤ人はわずか八人とされた。

反ユダヤ主義の荒唐無稽性

中東イスラム世界の反ユダヤ主義について、筆者は一九九二年四月二十五日付読売新聞にこんな記事を書いた。当時筆者は、同紙のカイロ支局長だった。

＊

エジプト・イスラエル平和条約締結（一九七九年三月）以来、初のイスラエル人スパイ事件がカイロで摘発され、このほど初公判が開かれた。だが、事件の真相が一向に判明しない中で、エジプトでは『エジプト青年にエイズを蔓延させ、国力衰退を狙った』などと憎悪むき出しの過熱報道だけが目立ち、根強い『反ユダヤ主義』を浮き彫りにした格好だ。

一九九二年二月三日、カイロ北方ヘリオポリス・ノズハ地区のアパートを警官隊が急襲し、前年暮れからエジプト観光に来ていたイスラエル人の元鉛管工ファレス・モスラティ(41)と娘のファイカ(17)を逮捕し、現金五万ドルを押収した。「イスラエル・スパイ団モスラティ一家事件」の発端だった。

一週間後の十日、偽造旅券でリビアからエジプト入りを図ったモスラティの息子マギドが、さらに翌十一日、モスラティを通訳に雇っていたイスラエル人中古家具商デビッド・オビッツが地中海岸のアレキサンドリアで逮捕され、事件の顔触れがそろった。

九日、事件担当のアブデルハリム・ムーサ内相(当時)が、父娘はイスラエル情報機関モサドからエジプトの軍事目標、有力者の情報収集を託されていたと語ったため、「(モスラティ一家のスパイ)任務はイラクの核兵器開発に参加し、湾岸戦争直前に帰国していたエジプト人核専門家の情報収集」「ブトロス・ガリ国連事務総長(前エジプト副首相)(当時)暗殺が任務」などと報道はエスカレートした。

極めつけは「エジプト国力衰退工作説」だった。ファイカはエイズ(後天性免疫不全症候群)ウイルスのキャリア(保菌者)であり、多くのエジプト青年を誘惑して感染させ、エイズ蔓延を図ったというもの。「ファイカは逮捕時、エジプト青年と同じベッドにいた」「関係したエジプト人青年は五〇人以上に上る」などと報じられたが、彼女が本当にキャリアかどうかは確認されていない。

しかし、過熱報道とは裏腹に事件の正確な内容は一向にはっきりしない。イスラエル政府は事件との関係を全面否定。加えてムーサ内相が「モサドとは言わなかった」と先の発言を訂正したり、検察当局が発表をなぜか控えたせいもある。さらに、〝リビア・コネクション〟がナゾを深めた。一部エジプト紙によると、モスラティ一家に課せられた重要任務はリビアの情報収集で、最終的な狙いはスパイとしてのリビア永住だったという。一家はイスラエル国籍を持つが、今世紀初めにリビアからパレスチナ(現イスラエル)に移住したいわゆる「イスラエル・アラブ人」で、イスラム教徒だった。

もう一つのリビア・コネクションが、エジプト野党紙ミスル・ファタハの存在だ。同紙は「ユーリ・パンシマンという名のモサド幹部が事件の直接責任者」などと、過熱報道の急先鋒を務めたが、同紙はリビア情報機関から資金援助を受けているとのうわさもある。イスラエル紙エルサレム・ポストは事件発覚直後、実は一家の雇い主はリビアだったとするイスラエル消息筋の話を伝えた。

三月二十九日、事件の初公判が開かれ父娘が出廷した。審理は非公開で行なわれ、モスラティは犯行を否認したが、出廷前暴れたため、スパイ事件とは別に懲役三年半が言い渡された。一方、ファイカは犯行を認めたと発表されたが、自供内容などは発表されなかった。事件の真相は霧の中のまま、二人の四十五日間の拘置延長が決まった。

＊

反ユダヤ主義の存在は中東アラブ世界では一般化し、ほとんどニュースにはならない。その中で、「イスラエル・スパイ団モスラティ一家事件」の過熱報道は、反ユダヤ主義が持つ虚偽性や荒唐無稽性をまさに〝浮き彫り〟にしたように筆者には見えた。後に、ファイカがエイズ・ウイルスのキャリアではなかったことも確認されている。

ところで、本書は隔月誌「みるとす」(ミルトス発行)に二〇〇三年六月から三十回にわたって連載した「アラブはなぜユダヤを嫌うのか」を一冊にしたものだ。その初回に取り上げたのが「イスラエル・スパイ団モスラティ一家事件」だった。

というのも、この事件こそ、筆者が「中東イスラム世界に広がる反ユダヤ主義」に着目する契機になったからだ。荒唐無稽極まるユダヤ人陰謀説を、歴史経験の豊かなエジプト人がなぜ受け入れ、大騒ぎするのか——。思い至ったのが、多くのアラブ人イスラム教徒をマインドコントロールするかに見える反ユダヤ主義の広がりだった。

アラブはなぜユダヤを嫌うのか／目次

Ⅲ章　イスラム教改宗ユダヤ人への反感

Ⅳ章　パレスチナ過激派などの反ユダヤ論理

装丁・根本眞一

Ⅰ章　ユダヤ人陰謀説に見る反ユダヤ主義

ユダヤ人陰謀説が生きている世界

「陰謀説（コンスピラシー・セオリー）」とは、特定の人間ないしは人間集団の陰謀によって歴史が動かされるという考え方だ。中東は一九四八年のイスラエル独立はじめ歴史の動きが激しく、また多様だったせいか、この陰謀説が盛んだ。しかも、そのほとんどが「反ユダヤ主義（アンチ・セミティズム）」に基づく「ユダヤ人陰謀説」だ。

近年、中東・アラブ世界を文字どおり席巻したユダヤ人陰謀説に「九・一一テロはユダヤ人の犯行だった」という説がある。事件発生当時、日本学術振興会カイロ研究連絡センター長としてエジプトに滞在していた保坂修司・現近畿大学教授は『季刊アラブ』二〇〇二年冬号で同陰謀説を批判して次のように書いた。

＊

ユダヤ人説の根拠として挙げられた証拠は次のようなものだ。(A)(襲撃されたニューヨークの世界)貿易センターに勤務するユダヤ人四〇〇〇人が事件当日、仕事を休んでいた。……カイロにいるあいだ、何度もエジプト人から、九・一一事件ではユダヤ人は一人も死んでいないという「事実」を聞かされた。……ではなぜユダヤ人がこんなことをしなければならないのか。これについてもいろいろな説が提示されているが、シオニズムの世界征服活動の一環説だけを挙げておこう。もちろんその根拠は『シオン賢者(長老)の議定書』(英語でザ・プロトコールズ・オブ・ザ・エルダーズ・オブ・ザイオン)だ。

＊

『議定書(プロトコール)』は、ロシア帝国秘密警察(オフラーナ)が一八九〇年代末から一九〇〇年代初めにかけ偽造したとされる有名な反ユダヤ主義の偽書だ。ユダヤ人指導者が十九世紀末に世界征服の陰謀を決めたという内容で、ナチス・ドイツがホロコーストを正当化する口実ともなった。代表的なユダヤ人陰謀説として挙げられるものに「イスラエルはユダヤ人が全世界を支配するために使う基地」という説があるが、これも『議定書』に依拠した陰謀説だ。

二〇〇二年暮れ、この『議定書』を主題にしたテレビ・ドラマがエジプトで放映された。

読売新聞（〇二年十一月十八日付）によると、このドラマは民放ドリーム・チャンネルが製作した『馬のない騎士』（全四十一回）で、ラマダン（イスラム教の断食月）の特別番組として、同局と国営テレビで同時放映された。ストーリーは、十九世紀末から二十世紀初めにかけて英植民地支配と戦ったエジプト人ジャーナリストが、ユダヤ人の世界征服計画を発見、真の敵は英国ではなくユダヤ人だと知るというもの。米国のユダヤ人団体が反発、米国務省もエジプト政府に放映中止を求めたが、「他国の番組に口を出すのは文化的テロ」と拒絶されたという。

「ポケモン」もユダヤ人の陰謀？

ところで、中東世界のユダヤ人陰謀説論者は——その主唱者たちのほとんどがアラブ人ウラマー（イスラム教における知識人・学者）だが——実にさまざまなものにユダヤ人の陰謀を嗅ぎ取るようだ。〇一年春、これら陰謀説論者がやり玉に挙げたのは、日本の人気アニメーション「ポケモン」だった。

まず、サウジアラビアのグランド・ムフティ（イスラム教最高法官）がポケモンとポケモン・グッズの販売・購入を反イスラム的として禁止するファトワ（イスラム法裁定）を発出した。同ムフティは、その理由として（1）ポケモン・カードが反イスラム的な宗教

ポケモングッズ。アラビア語で「ブキムーン」と表記。

のシンボル、例えば「ダビデの星」や「十字架」、そのほか様々な宗教やカルトのシンボルを使用していること、(2)ポケモン・ゲームがダーウィンの進化論を採用した反イスラム的な賭博ゲームであること——を挙げた。

そもそもポケモン自体がユダヤ人の陰謀の産物という説も広まった。ヨルダンのイスラム教原理主義組織「ムスリム同胞団」の指導者は、「(ポケモンは)ムスリム(イスラム教徒)の子供たちを異端と偶像崇拝に導くことを謀ったユダヤ人の陰謀」とし、ポケモンの「歪められたキャラクター」は「イスラムとコーランの純粋性」の明らかな反対物だと決めつけた。こうした主張をアラブ諸国の幾つかが受け入れ、サウジと同じようにポケモン・ゲームや同グッズの取引を禁止した。

イスラエルの英字紙エルサレム・ポスト(〇一年四月二十九日付)は、この陰謀説に伴い、「ポケモン」が「ユダヤ人」という意味の日本語だとか、シリア語で「私はユダヤ人」という意味だとかといった噂がヨルダンで広がったことを紹介している。ユダヤ人陰謀説が一般に持つ荒唐無稽さを端的に示すものだ。また同紙は、ポケモン・グッズを扱うヨルダンの地元業者が日本大使館に泣きついたため、同大使館が、ポケモンには「他の文化や宗教に由来する、隠された意味はない」との声明を発表したとも伝えた。

あらゆる恐怖の元は陰謀の産物

ユダヤ人陰謀説ではまた、人々の恐怖の対象を陰謀の産物と吹聴する手法がよく見られる。その代表的なケースがエイズ（後天性免疫不全症候群）で、ユダヤ人がアラブ人やイスラム教徒に害を及ぼすためにエイズを蔓延させているという説だ。「まえがきに代えて」で紹介した「イスラエル女性スパイの〝エジプト国力衰退工作説〟」は、まさにそれだった。

ユダヤ人陰謀説はとりわけ、強烈な反ユダヤ主義を掲げるイスラム原理主義勢力の十八番といってよい。エジプト最大の過激原理主義組織「イスラム集団」の元最高指導者フアド・カッセムは、九五年、「観光は忌まわしいものであり、それによってユダヤ人の女性観光客が売春とエイズを広げる手段だ」と語った。この三年前に「集団」が開始した、エジプトへの外国人観光客襲撃戦術を正当化する発言だった。

反ユダヤ主義のイスラム化

反ユダヤ主義発言で何度となく物議を醸したマレーシアのマハティール氏(77)が二〇〇三年十月末、二十二年に及んだ首相職を辞し、政界を引退した。首相はこの直前の同月十六、十七両日、首都クアラルンプールで「イスラム諸国会議機構(OIC)」の首脳会議を主宰した。同会議は首相の引退の花道となったが、その開幕演説でも反ユダヤ主義発言を行ない、西側世界の批判を浴びた。

現地からの報道だと、マハティール首相はこの演説で「ヨーロッパ人は、一千二百万人のユダヤ人のうち六百万人を殺害した。しかし、今日、ユダヤ人は代理人を使って世界を支配している。彼らは自分たちのために、他の者たちを戦わせ、死なせている」「(ユダヤ人は)社会主義、共産主義、人権や民主主義を発明したが、それは自分たちを迫害することが間違っていると見えるようにするため、また、自分たちが他の人々と対等の権利を享受できるようにするためだった」などと語ったという。なお、首相がここで述べた「代理人」とは米国を指すと受けとめられている。

この発言に、ブッシュ米大統領はじめ西側世界指導者は猛反発した。米大統領スポークスマンによると、四日後の二十日バンコクのアジア太平洋経済協力会議（ＡＰＥＣ）首脳会議に出席したブッシュ大統領は、同じく同会議出席のマハティール首相を脇に連れ出し、「誤った発言で、対立を生む」と批判。さらに「私の信念と真っ向から対立する」とも伝えたという。

マハティール首相

一方、マハティール首相が主宰したＯＩＣ首脳会議の出席者、つまりアラブはじめイスラム世界の代表者たちは、首相の反ユダヤ主義発言にどう反応したか。

米ニューヨーク・タイムズ紙によると、首脳会議出席者は異口同音に称賛したという。イエメンのアブーバクル・クルビ外相は、完全に同意するとし、「イスラエル人とユダヤ人は世界の経済とメディアの大半を支配している」と語った。また、エジプトのアフマド・マーヘル外相もマハティール首相の発言は「極めて、極めて賢明な評価だ」と述べた。さらに、アフガニスタンのハーミド・カルザイ大統領も「(マハティール首相の演説は)極めて正しい」と語った。

「反ユダヤ主義のイスラム化」はバーナード・ルイス教授の造語

マハティール首相がOIC首脳会議開幕演説で行なった反ユダヤ主義発言と、その発言に同首脳会議出席者が示した反応で、筆者が想起した言葉がある。このところ西側マスメディアにも登場し始めた「反ユダヤ主義のイスラム化」だ。

この言葉は、もともと西側キリスト教世界に由来する反ユダヤ主義が、一九四八年のイスラエル独立を一大契機に中東イスラム世界に持ち込まれ、しかも新たな内容が付加されたことを指す。米国の著名な中東イスラム史学者バーナード・ルイス氏が八六年刊行の『*Semites and anti-Semites*』で初めて使ったものだ。氏は、「反ユダヤ主義のイスラム化」は二段階で行なわれたとして次のように言う。

「第一段階で、反ユダヤ主義のテーマと告発は(イスラム世界で)変化なしに単純にコピーされ、また翻訳された。しかし、これら反ユダヤ主義のテーマは依然(イスラム世

バーナード・ルイス

界にとって）明白に異質なものであり、（イスラム教徒）民衆に対するインパクトはほとんどなかった。第二段階で、これら異質なテーマは（イスラム世界で）いわば内面化され、イスラム世界が採用し、吸収する過程で、明確なイスラム的様相を与えられた。

この過程の最も衝撃的な例は、（イスラム教草創期に）預言者（ムハンマド）に敵対したユダヤ人（像）の文芸と教育における変容だ。これらユダヤ人は（それまでの文芸や教育における）マイナーな妨害者（という存在）から、（イスラム教の）主要な敵、永遠の悪の根源の体現者に変わった」（カッコ内は筆者）。

ところで、ルイス氏の〇二年の著作の邦訳『イスラム世界はなぜ没落したか？』が、日本評論社から刊行されて話題となった。監訳者の臼杵陽・日本女子大学文学部教授が、ルイス氏を「ネオコン（ネオコンサーバティブ＝新保守主義者）の中東政策を支える歴史学者」と批判する異例の解題を付したためだ。

ちなみに、ルイス氏はユダヤ人。臼杵教授の解題によれば、一九一六年ロンドンのユダヤ系の家族に生まれ、ロンドン大学アジア・アフリカ学院で学んだ後、約二十五年間イギリスで教鞭をとった。七四年米国に渡り、八六年までプリンストン大学教授を務めた。同大学名誉教授の現在も、米中東学会の大御所的存在として米国の中東政策に影響を及ぼしている。

日本マスメディアの反応は

さて、マハティール・マレーシア前首相がＯＩＣ首脳会議の開幕演説で行なった「反ユダヤ主義」発言に戻ろう。

日本のマスメディアは当初この発言を無視し、西側世界が批判して初めて記事に取り上げた。しかも、その記事の多くはマハティール前首相の発言を「ユダヤ人批判発言」、あるいは「毒舌」などと表現し、「反ユダヤ主義発言」とは明記しなかった。ユダヤ人問題に関する日本マスメディアの〝及び腰〟姿勢が改めて浮き彫りになった形だ。

砕かれた米同時テロ・ユダヤ人陰謀説

先に、ユダヤ人陰謀説の代表例として「二〇〇一年九月の米同時テロ（九・一一テロ）はユダヤ人の犯行だった」とする陰謀説を紹介したが、この陰謀説は、反ユダヤ主義が広がる中東イスラム世界を文字どおり席巻した。

しかし、〇四年十月、米国が事件発生当初から首謀者とみなした国際的イスラム・テロリスト、ウサマ・ビンラーディンが犯行の指令を明白に認めたため、この陰謀説は粉砕された。

ビデオに撮ったビンラーディンの自白声明は、カタールの衛星テレビ「アル・ジャジーラ」が同月二十九日放送した。読売新聞によると、この中でビンラーディンは次のように語った。

ビンラーディン

「高層ビル（世界貿易センター）を攻撃しようとは（以前は）思っていなかった。しかし、状況が堪え難くなり、パレスチナとレバノンの同胞へのアメリカとイスラエルの同盟による不正と横暴を目の当たりにするようになり、それ（同時テロ）を考えた。私に直接影響を与えたのは、アメリカとイスラエルのレバノン侵攻を許し、米第六艦隊がそれを支援した一九八二年とそれ以降に起こった出来事だ」「我々は米同時テロ実行犯の主犯格でアッラーに召されたムハンマド・アター（容疑者）が、ブッシュ（米大統領）とブッシュ政権が気付く前に二十分ですべての作戦を完了することに同意していた」

陰謀説への批判

もっとも、九・一一テロがユダヤ人の犯行だとする陰謀説には、以前から、それもアラブ・イスラム社会内部からも強い疑問の声が挙がっていた。ビンラーディンの自白声明の約一カ月前、九月二十日にもカタール大学シャリーア（イスラム法）学部元学部長のアブドルハミド・アンサリ博士が同国の日刊紙ラーイで、ユダヤ人陰謀説をこう批判した。

「九・一一の悲劇から三年が過ぎた。しかし、アラブ世界は、事件の背後に誰がいたのか問い続けている。明白な証拠があり、数多くの告白や調査結果があるにもかかわらず、アラブ人は事件の背後にいた者たちが、我々の間から出たグループ——原理主義者たちが昨年ロンドンで開いた会議で『高貴なる十九人』と呼んだグループ——であることを受け入れようとしない」

「アラブ人は自分たちの無実を主張し続け、アフガニスタンとイラクのムスリムに対して侵略戦争を行なう目的で（イスラエルの諜報機関）モサドが事件を計画したのだと非難している。しかし、この主張は、ユダヤ人が臆病で自殺（攻撃）はできないという（アラブ側の）主張と食い違う。というわけで、この陰謀説は次のように修正された。まず、モサドは事件を計画し、その資金を供与したに過ぎない、と。そして、モサドによって罪のないアラブの若者たちのあるグループが騙(だま)され、罠(わな)にかけられ、事件を実行したのだ、と」

改宗者ビンサバの伝説

アンサリ博士はさらに「なぜ我々だけが事件の背後にユダヤ人の陰謀があるという説に惹かれるのか」と自問しながら、ユダヤ人陰謀説の起源の一つとして、イスラム教草創期のイエメン系ユダヤ人、アブダッラー・ビンサバの伝説を挙げる。

その伝説だと、ビンサバはイスラム教に改宗したばかりでなく、同教少数派シーア派を創設し、その結果イスラム教最大のフィトナ（内部抗争）を引き起こしたとされる。ビンサバは、シーア派が初代イマーム（神的な最高指導者）と崇める第四代正統カリフ、アリー（預言者ムハンマドの娘婿）に神的要素があると見なし、これがシーア派の基本教義になったという。一方、こうしたビンサバ伝説は、イスラム教の多数派スンニー派がシーア派誹謗のため造り出した伝説ともいわれる。

さて、アンサリ博士は要旨次ぎのように言う。

「（ユダヤ人）陰謀説は（中東・イスラム世界の）信仰、歴史的要因、政治的環境に深く根ざしているというのが私の意見だ。（例えば）ユダヤ人アブダッラー・ビンサバが（ムスリムの内部の）大きな抗争の背後にいたと語られる。これら抗争がムスリムの力を打ち砕いたことから、我々の（学校の）カリキュラムでは、預言者の教友の間に持ち上がった権力及び支配をめぐる政治的言い争いと武装抗争に関しては沈黙、また省略される。さらに、これらの抗争は（あたかも）ユダヤ人であるビンサバの策略だけが原因で起き、彼だけが責任を問われ、非難されねばならないと提示される。

しかし、我々が知っているように、歴史研究ではビンサバは伝説上の人物である。また、たとえ彼が実在していたとしても（イスラムの歴史で）そうした重要で、法外な役割を果たすのは、誰であれ、またいかに狡猾でも不可能だ。（もし我々がビンサバ陰謀説を信じるならば）預言者の教友たちがたった一人のユダヤ人に騙されるほど不注意で純朴だったと仮定しなければならないし、また、それによって我々はまぎれもなく、ユダヤ人が人間の域を超えた天才を有していると決め込んでいるのだ」

ウサマ・ビンラーディンの自白声明が報じられた四日後の十一月二日、エジプトの進歩派コラムニスト、マアムーン・ファンディ博士は同国最有力紙アハラムに、こう書いた。

「（ビンラーディンの声明の）主要ポイントは（九・一一テロ）作戦の遂行をウサマ自身が承認したことだ。これについては、ウサマの友人や配下が長い間否定してきた。いまや我々には（ビデオテープの）音と映像による以下の証拠がそろった。それは、この男（ビンラーディン）が九・一一事件の首謀者であったこと。そして（アラブの）低級なコメンテーターの主張とは異なり、モサドも米中央情報局（ＣＩＡ）も（事件の）背後にはいなかったという事実だ」

ホロコースト否定の新たな連鎖

国際的非難を浴びながらも、イランのアフマディネジャド政府の反ユダヤ主義言動に歯止めがかからない。二〇〇五年十二月には事実上の「ホロコースト（ナチスによるユダヤ人大虐殺）否定」国際会議を首都テヘランで開催した。同会議で設立が決まった「ホロコースト研究世界財団」は、当初事務局をテヘランに置くが、最終的にはベルリンに移すという。

会議は十一、十二の両日開かれた。米AP通信は会議の模様をこう伝えた。

「会議には世界三十カ国から（米国の白人至上主義結社）KKKの元指導者デービッド・デュークやホロコースト懐疑論者ら六十七人が参加した。これら懐疑論者は、ナチスによって六百万人（のユダヤ人）が本当に殺害されたのかどうか、その際ガス室が使われた

アフマディネジャド

のかどうかに疑問を投げ掛け、欧州で訴追されてきた者たちだ。
二日間の会議のイニシアチブを取ったのはアフマディネジャド大統領だった。明らかに、イスラエル反対者としての自分の頑強な立場に磨きを掛けようとしたのだ。強硬派の大統領はこれまで、ホロコーストを『神話』とし、イスラエルは地図から抹消されると呼び掛けてきた」

また、反ユダヤ主義と闘う米国のユダヤ人団体「ユダヤ名誉毀損防止同盟（ＡＤＬ）」のプレス・リリース（十二月十四日付）はこう論評した。

「イラン政権のホロコースト否定会議――世界の指導的なホロコースト否定論者、反ユダヤ主義者、人種主義者という悪党たちの集まりが参加した――は、イラン政権が自らを『ムスリム世界におけるホロコースト否定の新たな連鎖』と位置付ける試みだ」

では、会議出席者はどんな発言をしたのか。在米イラン人コラムニスト、アミル・イマニは自分のウェブサイト（十二月十四日付）でこう伝えた。

「愚かな賢者（KKK元指導者を指す）は七十人前後の参加者を前に、自分の憎むべき本質を示し、同時に、新たに見いだしたファシスト仲間の、オイルダラー金満家の機嫌を取るために、こう話した。『シオニストはホロコーストを、パレスチナ人の諸権利を否定し、イスラエルの犯罪を隠蔽する武器に使ってきた』と。憎悪に駆られた世界中のムッラー（イスラム聖職者）とファシストの耳に快く響く言葉だった。……

白眉は、シリアの宗教問題省顧問ナビール・スライマンのコメントだった。『ホロコーストが実際に起きたにしても、それはアラブ・イスラム世界に対する陰謀だったのだ。中東は今日もなお、その（陰謀の）結果に苦しんでいる』と語った」

会議は閉会にあたって、ホロコーストの真偽を検証するという「ホロコースト研究世界財団」の設立で合意した。そして、責任者の事務局長に大統領顧問ムハンマド・アリ・ラミンを全会一致で任命した。また事務局長を補佐する財団中央評議会が設置され、そのメンバーに会議参加者から五人が就任した。

ラミンはイラン革命通信（IRNA）のインタビュー（十二月十四日付）に、今後の計画として、ホロコーストに関する真実を見いだすための委員会の設置や次期会議の開催準備などを挙げた。さらに、当初財団の事務局はテヘランに置くが、最終的にはベルリンに移す計画だと語った。

ラミン事務局長が言うヒトラー・ユダヤ人説

ところで、ラミンは十二月二十八日同国のウェブサイト、バズタブのインタビューに答えてヒトラー・ユダヤ人説を蒸し返し、ユダヤ人国家の樹立がヒトラーの政策の狙いだったと主張した。バズタブはイランの「最高評議会」事務局長モフセン・レザイ（元革命防衛隊司令官）系列のウェブサイトという。米国の中東報道研究機関（ＭＥＭＲＩ（メムリ））〇七年一月三日付によると、ラミンはこう語った。

「一九二二年生まれのドイツ人、ヘンネッケ・カルデルが書いた『イスラエルの創造者アドルフ・ヒトラー』によると、ヒトラーはユダヤ人であり、彼の祖母がユダヤ人の売春婦だった。また（ヒトラーの）父親は四十歳まで母親のユダヤ人名を名乗っていたが、後に苗字をヒトラーに変えた。……

ヒトラーがユダヤ人を中部欧州から追放する政策を歓迎したのは二つの理由からだった。一つは、パレスチナにおけるユダヤ人政府の樹立が、ヒトラーを取り巻く裕福で影響力のあるユダヤ人たちの願望だったからだ。二つ目は、ユダヤ人を欧州とドイツから追放することは西側キリスト教諸国の全体的かつ歴史的な要求だったからだ。

ヒトラーはこの欧州の全体的要求に、英国人の全面的な支援を得、また、英国人と協調して取り組み、（そのことで）欧州における広範な人気を獲得した」
ラミンはさらに、新たなユダヤ人陰謀説も持ち出し、こう語った。「シオニストたちは最近、第二次大戦前の時期に属する、ユダヤ人関係の正確な統計や数字を含む数多くの文書や書類を破壊した。例えば、ユダヤ人が何人存在したのか、どこに（住んで）いたのか、どのように活動していたのかといったものだ。

こうして完全に破壊され、焼き尽くされた場所の一つに、モスクワで八十年間新聞を刊行してきたプラウダ（のビル）がある。ここには（ユダヤ人）問題に関する最も価値のある文書が保管されていた。しかし、二〇〇六年二月十日燃やされ、刊行物のバックナンバーと写真のすべて、つまりアーカイブのすべてが焼かれ破壊され、いかなる痕跡も残っていない。しかし、この歴史的犯罪を誰も、世界のどの通信社も調査しなかったし、論議することもなかった……」

筆者の知る限り、こうした火事の発生は海外に報道されていない。だが、舞台は〝陰謀渦巻く〟ロシア。この陰謀説は今後反ユダヤ主義勢力の間に急速に広がりそうな気がしてならない。

アラブの反ユダヤ主義と「血の中傷」

アラブ世界で、反ユダヤ主義の典型例「血の中傷」(英語でブラッド・ライベル)が改めて活発化しそうな気配だ。これは、ユダヤ教徒がキリスト教徒の血を使ってマッツァ(ユダヤ教三大祭りのひとつ「過ぎ越しの祭り」に食べる、酵母を入れないパン)を作るという、古くからキリスト教世界に伝わるユダヤ人誹謗。しかし、二〇〇七年、ユダヤ人歴史家が、事実だったらしいと主張して問題化した。

ユダヤ人歴史学者が書いた「血の過ぎ越しの祭り」

この歴史家は、テルアビブ郊外のバル・イラン大学で歴史学を担当するアリエル・トアフ教授。イタリア系ユダヤ人で、ローマの首席ラビを五十年間も務めたエリオ・トアフ師を父に持つ。教授は○七年二月七日イタリア語で書いた『血の過ぎ越しの祭り・欧州のユダヤ人と祭儀の殺人』を同国ボローニャの出版社から出し、その中で「血の中傷」の誹謗は歴史的事実だったかもしれないと主張した。米紙ニューヨーク・サン（二月二十三日付）は、その主張をこう伝えた。

「トアフ氏は一一○○年から一五○○年の間にイタリア北東部のドイツ語地域で、（欧州系）アシュケナジ・ユダヤ人の過激な小グループが、祭儀でキリスト教徒の子供たちを殺害したようだと述べた。彼はこの結論を、一四七五年に起きたキリスト教徒の子供『トレントのシモン』殺害事件の裁判の証言に置く。彼によると、これらの証言には『判事たちが作り出せなかった、あるいは付け加えることのできなかった、キリスト教文化に属さない（つまり、客観的な）発言』が含まれているという」

「トレントのシモン」の図

「トレントのシモン」殺害事件は、この年三月オーストリア国境に近いトレントで起きた。ユダヤ人地区を流れる運河で、男の子供の死体が発見されたのが、事件の発端だった。この子供が、まだ二歳のシモンだった。地元のユダヤ人たちがシモン殺害と、その血をマッツァに使った容疑で訴追された。ユダヤ人たちは拷問に掛けられて自白した。十六人が絞首刑になった。あるいは、十五人が火刑に処せられたとも言われる。一方、シモンは殉教者とされ、一五八八年教皇シクストゥス五世が聖者に列した。

アラブの反ユダヤ主義者が利用する

トアフ教授の主張に、アラブ世界の反ユダヤ主義者が飛びついた。その一人がエジプト人研究者、ムハンマド・ブヘイリ氏だった。中東報道研究機関（ＭＥＭＲＩ）によると、氏はナイル・カルチャー・テレビのインタビュー（二月二十五日放映）に、こう語った。「この人物（トアフ教授）は科学的に、また客観的に（「血の中傷」の誹謗が事実であることを）証明した。……

彼は、実際に存在した過激主義のユダヤ人グループがキリスト教徒の子供たちを殺戮し、その血を集めたとの結論に達した。過ぎ越しの祭りのマッツァを作るためだ。（犠牲者は）青年に達しない子供でなければならなかった。彼らは子供を拉致し、この目的のために工夫した樽に入れた。この樽は、横腹の（子供の）動脈にあたる個所に穴が開いている。ここから鉄串を貫き通して少年の血を流す。流れた血を集め、過ぎ越しの祭りのために使った」

ブヘイリ氏はさらに「(血の過ぎ越しの祭りは) 何時まで行なわれたのか、うかがいたい」というインタビュアーの質問にこう答えた。

「それは、私自身が知りたいことだ。ユダヤ人は、とくにイスラエルでは過激主義者のすべてが存在するのに、それ(血の過ぎ越しの祭り)を放棄したのだろうか……彼らにとって重要な、こうした慣習と宗教祭儀を放棄したのだろうか。(実際のところは) 極めて多くの事件があった。シリアでも類似の事件があった」

ここで言うシリアの事件は、一八四〇年フランス国籍を持つシチリア人祭司トマソ・デカマンジャーノが殺害された事件を指すと見られる。これについて、レバノンの詩人マルワン・シャムーン氏は今年一月テレリバン・テレビのインタビューに、こう語っている。

「二人の祭司がダマスカス中心部で、二人のラビ(ユダヤ教律法教師)の目の前で殺害された。場所は、この祭司の親友、ダマスカスのユダヤ人コミュニティーの会長ダウード・ハラリの家だった。祭司が殺害された後、その血が集められ、二人のラビが持ち去った。なぜか。そうすることで二人は彼らの神を崇めることができたからだ。なぜなら、人間の血を飲むことによって、彼らは唯一神に近づくことができるからだ」

ローマ教皇庁の改まった姿勢

ところで、聖者に列せられた「トレントのシモン」は以後五世紀にわたってキリスト教徒の崇拝の対象となった。しかし、一九六五年事態が変わった。ローマ教皇庁が「教会とキリスト教以外の諸宗教との関係についての宣言」ノストラ・アエタテを発表したからだ。カトリックの教義から反ユダヤ主義を根絶するのが宣言の狙いだった。これに伴いトレントの司教は、同市のユダヤ人に対する「血の中傷」は根拠がないとする司教命令に署名。また、教皇パウロ六世は「トレントのシモン」から聖者の地位を剥奪した。

さて、無理もないことだが、トアフ教授の主張はユダヤ人社会から袋叩きにあった。前述のニューヨーク・サン紙は「教授はユダヤ史レビュー『ゾハル』の編集者を解任された。それればかりでなく、多くの友人や仲間が教授を遠ざけた。さらには、父親エリオ・トアフ師との会見も妨げられた。師は（『血の過ぎ越しの祭り』の）出版前、同書の内容に反対するラビたちのプレス・リリースに署名していた」と伝えた。

ボローニャの出版元は二月下旬同書の販売を停止し、書店から引き上げた。改訂を決意したトアフ教授の要請によるという。この結果、売り上げは約三〇〇〇冊にとどまった。しかし、問題はこれで終わったわけではない。世界各地、とりわけ反ユダヤ主義の激しいアラブ世界で、同書の海賊版が出回ることは目に見えているからだ。

「ユダヤ人の・・・支配」という妄想

米国のマスメディアはユダヤ人に支配されている——。日本では、とりわけ進歩的とされる文化人やジャーナリストの間で囁かれるデマだが、今や反ユダヤ主義センターの観があるイスラム世界だと様相は一変する。公共のマスメディアが公然と言及してはばからない。

たとえばイラン。同国のテレビ、チャンネル4は二〇〇五年秋から〇六年初めにかけ「神話の商人たち」のタイトルで〝ユダヤ人のマスメディア支配〟を取り上げた。以下、米国の中東報道研究機関（ＭＥＭＲＩ）が伝えた同シリーズのさわりを紹介しよう。なお、このシリーズでは「人種主義者」という言葉がユダヤ人の〝枕詞〟に使われている。

まず、〇六年十月二十日放送分。ナレーターはこう話す。

メムリ（http://www.memri.org/）

「プロパガンダの重要性とメディアの使用を認識したシオニストは十九世紀、アメリカの大半のメディア企業の所有権獲得を開始した。（この結果）今日、新聞の七〇％が人種主義者のユダヤ人銀行家の手中にある。最大のシオニスト資本家のひとりロバート・マードックは毎日（日刊紙）三百万部を発行し、毎週（週刊誌や週刊紙）四百万部を発行している。アメリカのテレビ局の所有についてもまったく同じことが言える。最も人気のある大手テレビ局NBC、CBS、ABC経営陣の七人はシオニストである」

ナレーターは次いで〝ユダヤ人の映画産業支配〟に言及する。

「さまざまな芸術のうち映画が人種主義者ユダヤ人の関心を引いた。なぜなら、映画は広く普及しており、また、人々に訴えかける力を持つからだ。ユダヤ人は映画をひとつの道具として、彼らの虚偽の、想像上の架空の物語を世界のさまざまな人々の思考と感情の中に注入する道具として使用する。こう主張するには理由がある。映画会社のすべてが、米国ユダヤ人の人種主義組織『米国ユダヤ人会議』に強力な繋がりを持つユダヤ人が所有しているからだ」

ここで、フランスのホロコースト否定論者、いわゆるホロコースト・リビジョニスト、ジョルジュ・ティールが登場して言う。

「ハリウッドはホロコースト作品を製作し、配給する巨大なマシーンである。『シンドラーのリスト』といった（ホロコースト）映画の大半は、この（ホロコーストという）神話を広げるために創作される」

この発言を受けて、ナレーターはこう続ける。

「ホロコーストと、ユダヤ人に加えられたそれ以外の不正の物語について、ハリウッドと欧州映画界は千五百を超す台本を著作し、数百のドキュメンタリーを制作した。それらは、こうした（ユダヤ人の）虚偽のプロパガンダの一部にすぎない。ハリウッドのリーダーたちは、こうした歪められ、誇張された映画を製作するとき、自分たちの政治目標の表現と、シオニスト政権の目標強化を図っている」

ここで、ナレーターは、ナチスのアウシュビッツ強制収容所を描いた映画『夜と霧』を取り上げる。フランス人監督アラン・レネが一九五五年に製作した、今や伝説的なドキュメンタリーだ。ナレーターはこう言う。

「アラン・レネは、火葬場とガス室におけるユダヤ人の虐殺をできるだけ悲劇的に描こうとした。しかし、この映画が誇張されていることは、歴史に好奇心を持ち、物事の識別ができる観客なら誰でも容易に判別できる」

「人種主義者ユダヤ人が取り仕切るハリウッド」

十一月十九日放映分は、スティーブン・スピルバーグ監督の『シンドラーのリスト』を取り上げている。

番組は、プレゼンターの以下の発言で始まる。

「ハリウッドとして知られる（アメリカの）娯楽産業は全体的に人種主義者のユダヤ人が取り仕切っている。彼らは地球規模のシオニズムとイスラエル政府の政策を公然と支援してきたし、現在もそうだ。コロンビア、メトロ・ゴールドウイン・メイヤー、パラマウント、20世紀フォックス、ユニバーサル、ワーナー・ブラザーズといったハリウッドのトップ企業は、このグループが創設したものだ」

「著名なハリウッドの映画監督スティーブン・スピルバーグが広範なパブリシティー・キャンペーンの後、映画産業による最も有名なホロコースト告発映画のひとつを製作した。一九九四年のオスカー賞、ハリウッドの『マン・オブ・ザ・イヤー』賞、多くのスタジオを持つ巨大な映画会社設立の機会——これらは、ハリウッドを支配する政治家たちが『シンドラーのリスト』を製作した恩賞としてスピルバーグに贈った一部だ」

ここでも、前述したジョルジュ・ティールが顔を出す。

「ハリウッドはホロコーストに関する映画製作の無尽蔵の、際限のない源泉である。繰り返すが、彼らは証明や証拠がなんら存在しない時に、映画を創作する。容易にだまされる人々がおり、彼らはテレビを見て、これらの映画を信じ、そしてこう言う。『はい、彼らがどのように人々を焼いたのか、私はテレビで、私自身の目で見ました』

そして、ナレーターはこんなコメントを付け加える。

「スピルバーグは、ホロコーストとユダヤ人に関する映画の他の監督たちと同様に、ユダヤ人迫害はユニークだと主張する。また、ユダヤ人はそのユニークさから、世界のあらゆるところで、他の人々とは離れて生きねばならないと主張する。……

シンドラーがユダヤ人を死から救うために作った工場は、ユダヤ人が第二次世界大戦後イスラエルという名前で作った難民シェルターと同一ではないか。ユダヤ人は死から、また難民としての生活から自分たちを救うためにこのシェルターを必要としたのだ。また、シンドラーがユダヤ人の生命を救うために費やした大量の資金は、アメリカ人がイスラエルという人種差別主義政体に与えている際限のないドルに似てはいないか」

Ⅱ章　イスラム教に内在する反ユダヤ感情

「猿と豚の子孫」という蔑称

反ユダヤ主義（アンチ・セミティズム）は、とりわけイスラム原理主義勢力の間で激しいが、その原理主義勢力はユダヤ人をどう呼んでいるか。「猿と豚の子孫」が、頻繁な呼び方という。

もっとも、頻繁ではないにしろ、ユダヤ人をこう呼ぶのは原理主義勢力に限らない。カイロのアズハル・モスクのグランド・イマーム（大導師）ムハンマド・タンタウィー師は二〇〇二年四月の金曜説教で、ユダヤ人を「（イスラム教の唯一神）アッラーの敵、猿と豚の子孫」と呼んだと報じられた。

アズハル・モスクはイスラム教多数派スンニー派の最高権威で、日本のマスメディアではしばしば「イスラム教スンニー派の総本山」と紹介される。グランド・イマームは、その最高ポストだ。

また、中東報道研究機関（ＭＥＭＲＩ）によると、サウジアラビア・メッカにあるハラーム・モスク（聖モスク）のイマーム（礼拝導師）アブドルラハマン・アル・スダイ師はユダヤ人を「人間のくず、世界の鼠、条約と協定を破る者、預言者たちの殺害者、猿と豚の子孫」とし、アラブ諸国にイスラエルとの和平交渉放棄を呼び掛けたことがある。ハラーム・モスクは中央にカアバ神殿のあるイスラム教最高聖域であり、同モスクのイマームはサウジだけでなく、イスラム世界全体の尊敬の対象だ。

スンニー派だけでなく、イスラム教少数派シーア派でもユダヤ人は「猿と豚の子孫」と呼ばれる。レバノンのシーア派原理主義武装組織ヒズブッラーのハサン・ナスルッラー書記長は一九九八年、「アーシューラー」の祭を記念する演説で、この表現を使った。

書記長は、シーア派の大祭であるアーシューラーが、この年はイスラエル独立記念日とかちあったことを嘆き、「（今日は）パレスチナとエルサレムの地に猿と豚の子孫――シオニスト・ユダヤ人が国家を建設したという、つらく、かつ悲惨な歴史的破局の五〇周年にあたる」と語った。

ユダヤ人が「猿と豚の子孫」である根拠

ムスリムがユダヤ人を「猿と豚の子孫」と呼ぶ〝根拠〟は、第一にイスラム教の聖典「コーラン」にある。この中で、ユダヤ人がアッラーの怒りに触れ、猿や豚に変えられたことが、三回にわたり述べられているからだ。

まず、第二章「牝牛」の六五節に「汝らのうち、いつか安息日の禁を犯し『猿になってどこかへ行ってしまえ』と我ら（筆者注・アッラーのこと）に言われた者どものことは汝らも知ってのとおり」とある。ここで訳者のイスラム学権威、井筒俊彦・元慶応大学教授は、「ダビデ王の時代、安息日に魚を食った罰として猿にされてしまったユダヤ人があるという、イスラム教の伝承」と割注を入れている。

次いで第五章「食卓」の六〇節に「言ってやるがよい。『これよりもっとひどいアッラーの御褒美（天罰のことを皮肉に言う）のことを話してきかそうか。凡そアッラーに呪われ、その御怒りを蒙り、猿や豚に変えられてターダート（古代アラビアの鬼神）を崇拝するような者、こういうやからの立場こそいとも恐ろしいもの。もう正しい道からは遠く迷い出してしまったのだからな』と」とある。

さらに第七章「胸壁」一六六節にも、「彼らが禁制をないがしろにしたので、我ら（筆者注・アッラーのこと）は彼らに言った。『猿になってすごすごと引きさがれ』と」とある。

コーランは「イエス」をどう見たか

問題は、井筒氏が入れた注の「伝承」だが、その伝承の詳細をＭＥＭＲＩは次のように紹介している。

――アッラーは信仰と戒めへのユダヤ人の服従をテストするため、（安息日の）土曜日に大量の魚の群を出現させ、日没前に見えなくした。これはユダヤ人には耐えられないことだった。そこで、土曜日に魚を捕ってはいけないというアッラーの禁止命令をうまく回避する方法を見いだした。

一人のユダヤ人がこっそりと魚を捕らえた。彼はその魚に糸を結びつけ、その糸を地面の杭に結びつけると、魚を水中に戻した。翌日、彼は水中から魚を引き揚げて食べた。彼は罰されないとわかると、次の土曜日も、その次の土曜日も同様にして魚を捕った。間もなく、隣人たちが彼の家で魚が料理される臭いを嗅ぎつけ、まねをして魚を捕るようになった。しかも、公然と魚を捕り、それを市場で売るようにもなった。そこで、アッラーは遂に彼らを罰した――。

なお、この伝承によれば、罰せられたユダヤ人は、紅海岸の村イリヤのユダヤ人住民だったという。

ところで、ハラーム・モスクのイマーム、アル・スダイ師はユダヤ人を「預言者たちの殺害者」と呼んだ。しかし、少なくとも「預言者イエス」についてコーランはユダヤ人が実際に殺害したとは述べていない。コーラン第四章「女」一五七節は「どうして殺せるものか。どうして十字架に掛けられるものか。ただそのように見えただけのこと」と述べる。

これについて、訳者の井筒氏は注で、「回教（イスラム教）ではイエスが十字架にかけられて死んだことをユダヤ人の嘘言として否定する。イエスではなく、イエスに似た男が殺されたにすぎない」と説明している。

預言者ムハンマドのユダヤ人への譲歩

イスラム教の預言者ムハンマドは、現代の反ユダヤ主義ムスリムが言い張るように、本当にユダヤ人を軽蔑し、憎んだのだろうか。預言者とユダヤ人との関わり合いを検証してみたい。

ユダヤ系ウェブサイト「ピース・ウィズ・リアリズム」掲載の論説「ムハンマド、ユダヤ人とジハード」は、その冒頭でこう言う。

「今日ムスリムとユダヤ人の間に存在する緊張は、まったくの現代的な現象ではない。(イスラム教の預言者)ムハンマドがユダヤ人諸部族と争い、その抗争は悲劇に終わった。ムハンマドの反ユダヤ感情はコーランやハディース(預言者の言行録)に保存され、イスラムの歴史を通じてムスリムとユダヤ人の関係に影響を与えた。今日、反ユダヤ主義は、

メディナの「預言者モスク」

ヒトラー以来の激しさでムスリム世界に広がっている。この反ユダヤ主義の正当化のためしばしば使われるのが、ムハンマドの教えだ」

　預言者ムハンマドとユダヤ人との本格的な接触は、ヒジュラ（聖遷）、つまり預言者が西暦六二二年メッカの迫害を逃れ、同市の北約四百キロのメディナに移った時に始まった。メディナは当時ヤスリブと呼ばれていた。主要な住民はアラブ人だったが、町とその周辺にはカイヌカー、クライザ、ナディールという三つのユダヤ人氏族が住んでいた。これらユダヤ人氏族はそれぞれアラブ人の二つの部族と同盟関係を結び、メディナを二分する戦いにも参加した。ヒジュラの四、五年前のことという。

　さて、メディナに逃れた預言者だが、直ちにユダヤ人との抗争に入ったわけではない。当初は、同じ唯一神教の信徒としてユダヤ人の説得に努めたとされる。ウェブサイト「ユダヤ・エンサイクロペディア」はこう言う。

「預言者がメディナにやって来たとき、ユダヤ人に対して友好的だった。預言者はメディナ市民との間で結んだ契約にユダヤ人を含め（ることに同意し）た。預言者はまた、宗教の場でユダヤ人に幾つかの譲歩を行なった。ユダヤ人を自分の大義に取り込もうと希望し、エルサレムをキブラ（礼拝の方向）に採用した」

「エルサレムをキブラに採用した」とは、メッカではなくエルサレムに向かって礼拝するよう信徒に教示したことを示す。メッカには信徒が神の家とするカアバ神殿が存在する一方、エルサレムはユダヤ教以来の唯一神教の聖地だ。これについてはまた、イスラム系ウェブサイト「イスラム・質問と答え」がこう指摘している。

「預言者がメッカからメディナに来たとき、礼拝の際バイト・アル・マクディス（ソロモンの聖殿＝エルサレムの意）に顔を向けるのが常だった。このことは一年四カ月か一年五カ月間続いた」

預言者の譲歩はキブラにとどまらなかった。前述の「ムハンマド、ユダヤ人とジハード」は言う。

「ムハンマドはユダヤ人の共感を得るために幾つかのユダヤ人の慣習を借用し、信徒にその実践を命令した。ムスリムは、ユダヤ人がシャバット（安息日）の準備を行なう金曜日午後に礼拝のための集会をもつこととなった。……また、ユダヤ人の食物戒律の一部を順守することとなった。同様に贖罪の日の断食を行なうこととなった。贖罪の日がユダヤ暦の第七月ティシュレー月十日目に行なわれることから、ムスリムはこれをアーシューラー（十番目の意）の断食と呼んだ」

キブラ（礼拝の方向）の問題

キブラの問題は重大だった。というのも、メディナからエルサレムに向けて礼拝すればカアバ神殿に尻を向けることになるからだ。実際、エルサレムをキブラとすることに疑問を抱く信徒もいた。岩波新書『マホメット――ユダヤ人との抗争』（藤本勝次著）は、こんなエピソードを紹介している。

――イブン・イスハークの『マホメット伝』に「第二のアカバの誓い」という標題の項目がある。その中に、六二二年の巡礼の際、メッカに来てアカバでマホメット（預言者ムハンマドのトルコ語なまり）に忠誠の誓いを立てた七十五名のメディナのイスラム教徒と同行してきたアル・バラー・ビン・マールールという人の旅行中の物語が記載されている。

……

礼拝の時間になって、我々はシリア（エルサレムの方向の意）に向って礼拝し、彼（アル・バラー）は我々とは別にカアバに向って礼拝した。メッカに到着するまでずっとそうしていた。……

メッカに到着すると、……彼は言った。「神の預言者よ、イスラムへの神のお導きによってこの旅に出ましたが、どうしても背中を向けることができないので、カアバに向かって礼拝しました。……ご意見をお聞かせください」と尋ねると、マホメットは答えた。「もしあなたたちがそうしていたのなら、一つのキブラを持つべきである」と。そこでアル・バラーは預言者のキブラに従い、我々と一緒にシリアに向かって礼拝した――

しかし、メディナのユダヤ人氏族は、預言者の説得に耳を貸さず、譲歩を受け入れなかった。「ムハンマド、ユダヤ人とジハード」は、その経緯をこう言う。

「メディナのユダヤ人指導者たちは唯一神信仰を説教する一人の預言者の出現を耳にすると、好奇心を抱いた。彼らは直ちには受け入れも拒否もしなかった。彼らは（ムハンマドについて）よりいっそうのことを知りたがった。しかし、ムハンマドがユダヤ人の聖書や伝承のことはあまり知らないことが分かるにつれ、関係は悪化し始めた。ラビたちはマホメットが答えることのできない質問を浴びせて、彼を嘲った」

こうしたユダヤ人指導者の態度に、預言者は当然のことながら怒った。対応策も取った。

まず、問題のあったキブラをエルサレムからメッカに変更した。ヒジュラ暦（六二二年を元年とするイスラム暦）二年のことだった。もっとも、この措置は、対ユダヤ人問題の文脈ではなく、預言者に対するアッラーの命令とも説明される。いずれにせよ、預言者は以後、ユダヤ人に対する敵意をむき出しにするようになった。

イラン大統領の過激言動

イランのマフムード・アフマディネジャド大統領（50）の過激発言がおさまらない。しかも、その発言は反ユダヤ主義と重なる神懸かり性が目立つ。二〇〇六年十月、ついにと言うべきか、大統領の口から「私は神と交わりがある」という言葉が飛び出した。

米国の中東報道研究機関（ＭＥＭＲＩ）によると、この発言は、イランの独立系通信イラン・ニューズが同月十五日伝えた。それによると、大統領は同月十一日テヘラン西方のシャフリヤル市を訪れ、エンジニア組合でイフタール（断食明け）の演説を行なった。問題の発言は、その際に飛び出した。イラン・ニューズによると、大統領はこう演説したという。

「私は（イランの）核問題に関し、多くの機会に私の友人たちにこう言ってきた。『心配しなくてよい。彼ら（西側の人々）は騒いでいるに過ぎない』……ある人が私にこう尋ねた。『誰それが、あなたは交わりを持っていると言っている』。私は答えた。『そうだ、私は持っている』。彼は私に尋ねた。『本当に、あなたは交わりを持っているのか。誰との交わりなのか』。私は答えた。『私は神と交わりを持っている』……」

「イスラム革命の闘士」だった背景

さて、アフマディネジャド大統領とは、どんな人物か。

大統領は、イランがまだ王制下にあった一九五六年十月、テヘラン南東セムナン州の砂漠の町ギャルムサルに生まれた。中流家庭で、父親は鍛冶職人だった。七人兄弟の四番目だった。生後一年ごろ一家はテヘラン南部のナルマク地区に移り、そこで成長した。当時の同地区の雰囲気は「貧困とフラストレーションと外国人嫌いのカクテル」とされ、大統領の思想形成に大きな影響を与えたとされる。

七五年高校を卒業し、テヘラン科学産業大学に進学した。七九年イスラム革命が起きると、大学の学生自治会である「学生イスラム委員会」を創設、さらにイランの〝全学連〟とも言うべき「大学・神学校間団結強化事務所（ＯＳＵ）」創設に参加した。翌八〇年革命指導者ホメイニ師が「イスラム文化革命」と呼んだ大学内反体制派弾圧にも加わった。この弾圧では大学教授や学生の多くが逮捕され、処刑された。大学は三年間閉鎖となり、大統領はイスラム革命防衛隊（ＩＲＧＣ）に入隊した。

八八年イラク・イラン戦争が終結すると、地方長官に任命された。が、九七年改革路線を掲げるハタミ大統領が登場すると解任され、テヘラン科学産業大学に戻り教授となった。もっとも教授の仕事は片手間で、改革派抑圧の暴力組織「アンサーレ・ヒズブッラー（神の党の支援者の意）」の組織化に専念したと言われる。二〇〇三年八月、テヘラン市議会を制した革命原理派勢力「イスラム・イラン発展者連合（通称アバドギャラン）」の要請を受け、同市市長に就任した。

大統領の思想上の師とされるのは、高位聖職者アヤトラのメスバフヤズディ師（72）だ。現在、全軍の思想教育を担当する「ホメイニ教育・研究所」（在コム）の所長を務める。最高指導者の選出・罷免にあたる「専門家会議」のメンバーでもある。

師はホメイニ師の直接の弟子で、七九年革命に参加した。しかし、あまりの急進主義をホメイニ師は警戒し、政界から遠ざけたと言われる。ホメイニ主義をさらに先鋭化した「文化ジハード」論がメスバフヤズディ師の持論。イスラム社会の「文化浄化」と「内部の敵との戦い」が同論の中核理念という。

テヘラン市長に就任した大統領の市政は、まさに師の持論の実践の観があった。市政のイスラム化を強め、まず男性職員に髭をはやすよう命令し、市当局のビルでエレベーターの使用を男女別々にした。このため、大統領は市民からアフガニスタンのイスラム原理主義組織「タリバン」とあだ名された。そして〇五年六月、革命原理派勢力の後押しで大統領選に勝利した。

回答期限八月二十二日の意味

ところで、大統領の神懸かり性は発言に留まらないようだ。〇六年夏、国連安保理の常任理事国五カ国とドイツが提示した、イランの核開発問題に関する包括案に対し、イラン政府は八月二十二日までに回答すると通告した。実は、この日付決定が神懸かりだったという。当時、その意味に気付いた関係者の間に緊張が奔（はし）ったらしい。

この事情を、イスラム学の大家バーナード・ルイス米プリンストン大学名誉教授は米紙ウォールストリート・ジャーナル八月八日付に、こう書いた。

「イスラム教においては、ユダヤ教やキリスト教におけると同様、世界の終末における宇宙抗争に関する信仰が幾つかある。……アフマディネジャド氏と彼の支持者は明確に、まさに今がその時であり、最終戦争がすでに始まり、実際順調に進展していると信じている。……

（イランが回答期限とした）八月二十二日の意味は何か。この日はイスラム暦一四二七年ラジャブ月（第七月）二十七日にあたり、多くのムスリムにとって預言者ムハンマドの『夜の旅』の記念日だ。伝承によると、この夜、預言者は翼の付いた馬ブラークに乗り、まず『最も遠いモスク』に行き、それから天に上り、後（メッカに）戻った（コーラン第十七章「夜の旅」一節）。『最も遠いモスク』とは通常エルサレムと見なされている。（したがって）この日は（アフマディネジャド氏が殲滅を公言してはばからないユダヤ人国家）イスラエルの終末論的な終焉、さらには世界の終焉にとっても適切な日と判断されうる。もっとも氏がそうした大変動を、正確に八月二十二日に計画しているかどうかは確かではない。しかし、その可能性を心に留めておくのが賢明だろう」

そして、八月二十二日イランは六カ国包括案の実質的拒否を発表した。が、他に特別の事件は起きなかった。関係者はひとまず胸をなで下ろしたに違いない。

トルコ新大統領の旧師の反ユダヤ主義

トルコは、アラブではないが、最後のイスラム大帝国、オスマン帝国の後身としてその動きは重要である。

二〇〇七年八月末トルコ国会で大統領選挙が行なわれ、与党の穏健なイスラム政党「公正発展党（ＡＫＰ）」のアブドッラー・ギュル外相（56）が選出された。「世俗主義（政教分離＝ライクリッキ）」を国是とするトルコで、イスラム政党出身の大統領は初めて。これに世俗主義勢力は反発し、大統領宣誓式を世俗主義政党国会議員、さらには「世俗主義の守護者」を自任する国軍も、参謀総長はじめ首脳が軒並み欠席する異常事態となった。

エルバカン

イスラム政党の師と教え子たち

ところで、ギュル新大統領に加え、レジェップ・タイイップ・エルドアン首相（53）、ビュレント・アルンチ前国会議長（59）らAKP最高幹部に共通していることがある。保守的なイスラム政党「至福党（SP）」の指導者ネジメッティン・エルバカン氏（80）の教え子だったことだ。氏は前世紀後半トルコのイスラム主義政治運動を代表する思想家・政治家として「繁栄党（福祉党）（RP）」はじめ一連のイスラム政党を創設。九六年RP党首として初のイスラム主義主導内閣を樹立した人物だ。

もっとも、教え子たちはエルドアン首相をリーダーに二〇〇一年エルバカン氏と袂（たもと）を分かった。AKPを設立して翌年総選挙に大勝し、トルコ史上初のイスラム政党単独政府を樹立。そして今回、七月の総選挙圧勝を経て大統領職も獲得した。

一方、エルバカン氏を担ぐ保守派はSPを結成したが、前回、今回総選挙とも議席獲得はならなかった。今やトルコのイスラム政治運動旗手の座はかつての教え子エルドアン首相に移ったと言ってよい。

イスラム主義思想の中の反ユダヤ主義

さて、エルバカン氏がかつて教え子たちに説いたはずのイスラム主義思想のひとつに反ユダヤ主義がある。中東報道研究機関（ＭＥＭＲＩ）によると、氏はＳＰ党首として臨んだ今回総選挙でも公開の演説やテレビのインタビュー番組で、持ち前の反ユダヤ主義思想を繰り返し訴えた。たとえばフラッシュＴＶ七月一日放映のインタビュー番組で、ユダヤ人を「バクテリア」「病気」と呼ばわりながら、こう語ったという。

「われわれは世界地図を見るとき、約二百の国家が色つきで描かれているのを見、多くの人種、宗教、民族が存在すると考える。しかし、これら（二百の国家）は過去三百年間ひとつのセンターが統制してきた。このセンターこそ、人種差別主義者で帝国主義者のシオニズム（ユダヤ民族主義）である。あなた方が正しい診断をしなければ、この病気の治療法は発見できない」

「イスラエルの安全とは何か、あなた方は知っているか。それはイスラエルが、モロッコからインドネシアに至る二十八カ国を支配することだ。（実際）すべての十字軍を組織したのはシオニスト（ユダヤ民族主義者）だった」

「これらユダヤ人は十字軍を十九度も開始した。十九番目の十字軍が（第一次）世界大戦だった。ユダヤ人がなぜ、この戦争を始めたのか。それはただ（ユダヤ人国家）イスラエルを作り上げるためだった。ユダヤ人は、イスラエルを作るためにキリスト教徒を使ったのだ」

「こうした現実を見なければ、世界情勢が理解できない。ブッシュ（米大統領）は何を言っているか。イエスがイラクを侵略するよう彼に命令したと言う。自分がキリスト教徒だったことがイラク攻撃決定の最も重要な要因だったことだと言う。（彼はこう考えたのだ）『私はイラクを取る。私は（ユーフラテス川からナイル川の間に）大イスラエルを建設する。そうすればイエスは再臨できる』と。これらの人々はこうした信念をもって働いているのだ。その信念を知らなければ、彼らがなぜそうした行為を働いているか理解できない。こうしたすべてを我々の若者は学ばねばならない」

イスラム神秘主義教団の有力信徒

エルバカン氏はトルコ最大のタリーカ（イスラム神秘主義教団）ナクシュバンディの有力信徒としても知られる。師と仰いだのは同教団の前世紀最大の指導者メヘメド・ザヒド・コトク師だった。同師は社会への積極的関与を唱導したことで有名だ。コトク師のサークルのメンバーだったエルバカン氏はその教えに従い、青年期は内燃機関の研究に没頭。さらにイスタンブール工科大学教授だった六〇年代後半財界に進出、次いで六九年政界に転じた。

七〇年イスラム系国会議員を糾合して、トルコ史上初のイスラム主義政党「国民秩序党

（MNP）」を創設。その後世俗勢力の弾圧に遭いながらも、八三年RPを設立した。同党は九〇年代に入って急速に勢力を伸張する。その背景には、隣国ソ連の崩壊で中央アジアからトルコにかけて高まったイスラム復興のうねりがあった。RPは九五年の総選挙勝利を経て、翌年六月初のイスラム政党主導政府を樹立、エルバカン氏は首相に就任した。

イスラム神秘主義は原理主義と違い、その政治思想は一般に穏健だ。しかし、エルバカン氏の反ユダヤ主義は年季が入っているように見える。RPが伸張を続けた九一年『正義の経済制度』を著したが、その中でも反ユダヤ主義に触れている。氏はこの著作で資本主義がいずれ崩壊すると予測。と同時に、資本主義をなお存続させているのは「悪の源」であるシオニズムと帝国主義だとして、こう書いた。

「資本主義と共産主義という二つの制度には形態上の相違があるが、それは（現在の西欧文明の）バーティル（間違っている）体制の政治的側面（制度）が共産主義の中に存在し、経済的側面が資本主義に存在するのだ。資本主義においては、資本家が少数であることが、抑圧の要因なのだ。共産主義は抑圧の七十年を経て崩壊したが、社会主義（共産主義）と同様（人民を）抑圧してきた資本主義もいずれ崩壊する運命にある。資本主義を抑圧の道具として存続させているのは帝国主義とシオニズムである。したがって資本主義は人為的に存続させられているのである」

イスラム過激主義の拠り所（上）

コーラン「剣の節」

イスラム世界の過激主義や反ユダヤ主義を取り上げたレポートに「剣の節（せつ）」という言葉がしばしば登場する。

エジプトの週刊誌ルーズ・ユースフ（二〇〇七年九月二十一日号）の調査記事にも、この言葉が登場した。中東報道研究機関（ＭＥＭＲＩ）緊急報告（日本語版〇七年十月二十八日付）によると、同誌の記者アスマ・ナッサルはこの記事で、「エジプトで刊行されているイスラム教の聖典コーランのポピュラーな子供向け注釈本に、ユダヤ教徒とキリスト教徒への悪意に満ちた扇動が含まれている」と指摘した。記事中「剣の節」は、以下の部分に登場する。

＊

この本（エジプトで刊行されている子供向けのコーラン注釈本）は全体的に過激主義の扇動、そしてコーラン各章の真の意味を反映していない過激主義的注釈を特徴としている。

この本はイスラムから、その最も根本的な原則――平和（の原則）――を奪っているのだ。

（たとえば）この本はコーランの章節――「赦してやれ、勘弁しておいてやれ。よいことをすればかならず、アッラーに愛していただけよう（第五章「食卓」一三節）」、「もし彼らの方で和平に傾くようなら、お前もその方向に傾くがよい。そして、すべてアッラーにおまかせ申せ。アッラーは耳ざとく、すべてを知りたもう（第八章「戦利品」六一節）」――の注釈で、平和の理念への反対を扇動している。（というのも）この本はこれらの節が「（コーランに含まれた）『剣の節』によって廃棄されている」と言うからだ。

「剣の節」は（前述の二つの節の）後に啓示されたものだ。同節は、こう言う。「アッラーも最後の日も信じようとせず、アッラーと使徒の禁じたものを禁断とせず、また、聖典をちょうだいした身でありながら真理の宗教を信奉もせぬ、そういう人々に対しては、先方が進んで貢税を差し出し、平身低頭して来るまで、あくまで戦い続けるがよい（第九章「改悛」二九節）」と。この本によれば、この節（「剣の節」）が啓示されて以来（キリスト教徒とユダヤ人との）平和と和解の協定は禁じられた。

＊

さて、この引用部分のポイント、すなわちナッサル記者が指摘した問題点は、この本――エジプトで刊行されている子供向けコーラン注釈本――の「剣の節」をめぐる解釈にある。すなわち、イスラム教の唯一神アッラーが「剣の節」を預言者ムハンマドに啓示して以来キリスト教徒とユダヤ人との平和と和解の協定は禁じられたという解釈だ。そして、そう解釈するのは、アッラーが平和の原則を啓示した後に「剣の節」を啓示し、それによって平和の原則啓示を「廃棄した」と見るからだ。

「剣の節」の別の箇所でも、思想は同じ

ところで、中東報道研究機関（ＭＥＭＲＩ）の他のレポートでは、コーランの別の節が「剣の節」と言及されている。日本語版ＭＥＭＲＩの〇六年四月八日付緊急報告がそのひとつで、タイトルは「改革派著述家カメル・ナッジャル博士は言う。『もしムスリムが真剣にイスラムの輝ける顔を提示しようとするならば……ムスリムは……自らの暗い過去を

認めねばならない』」。以下は、同報告が紹介した改革派イスラム学者ナッジャル博士の論説のうち「剣の節」が登場する部分だ。

*

イスラムの歴史を学ぶ者は誰であれ、イスラムが寛容だったのは、イスラムが弱体だった（預言者ムハンマドが西暦六二二年メディナに移住する以前の）メッカ時代だけだったことを見いだす。この時期は（コーランの）寛容な節が（アッラーから預言者に）啓示された時期だ。

「お前らにはお前らの宗教、わしにはわしの宗教」（コーラン第一〇九章「無信仰者」六節）や「主の道に人々を喚べよ、叡智とよき忠告とをもって。（頑強に反対する）人々には、最善の方法で（好意と熱意をもってやさしく）議論しかけてみるがよい」（第一六章「蜜蜂」一二五節）といった節だ。

この後、預言者はメディナに移住した。同地で最初に啓示されたコーランの章（スーラ）は第二章「牝牛」であり、同章は他者の拒否で始まっている。

その後の節はイスラムに改宗しない者とは誰であれ戦えと呼び掛ける。

「そのような者と出くわしたらどこでも戦え。そして彼らが汝らを追い出した場所から（今度は）こちらで向うを追い出してしまえ」（第二章「牝牛」一九一節）

その後、第九章「改悛」が啓示され、（その中で）「剣の節」が啓示された。同節は「だが（四カ月の）神聖月があけたなら、多神教徒は見つけ次第、殺してしまうがよい。ひっ捉え、追い込み、いたる所に伏兵を置いて待伏せよ」（第九章「改悛」五節）と言う。

「剣の節」やメディナ時代の（他の）すべての好戦的な節はメッカ時代の節よりも後の時期に啓示された。これらの節は、新たに（啓示された）節としてメッカの節に取って変わる。宗教学者によると、「剣の節」は少なくとも百二十の寛容な節を廃棄するという。そうだとすればイスラムの寛容などは、どこにあるというのか。

＊

ナッジャル博士はルーズ・ユースフ誌の記事と異なり、コーランの第九章「改悛」五節を「剣の節」としている。一方、剣の節をめぐる考え方は、ルーズ・ユースフ誌の記事が取り上げた「エジプトで刊行されている子供向けコーラン注釈本」と同じ。預言者のメディナ移住――「ヒジュラ（聖遷）」と呼ばれる――の後にアッラーから啓示された「剣の節」が、それに先立つメッカ在住時に啓示された寛容な節を廃棄すると考える。

イスラム過激主義の拠り所（中）

過激なイスラム原理主義運動の拠り所とされるコーランの「剣の節」。前回は、剣の節であると中東メディアに紹介された二つの節を取り上げたが、剣の節、アラビア語でアーヤト・アル・サイフ（英語訳スウォード・ヴァース）と一般に呼ばれるのはコーラン第九章「改悛」の第五節という。

国際的イスラム・テロ組織アルカーイダの最高指導者ウサマ・ビンラーディンも、例えばイラク戦争直前の二〇〇三年二月発表した音声声明の冒頭で、同節に言及した。米国の攻撃に殉教で抗戦するようイラク国民に呼びかけた声明である。

「真理を確立し、虚偽を廃棄するために、僕である使徒（預言者ムハンマド）に剣の節を明らかにしたアッラーに賞賛あれ。（そして）こう述べたアッラーに賞賛あれ。『だが

（四カ月の）神聖月があけたなら、多神教徒は見つけ次第、殺してしまうがよい。ひっ捉え、追い込み、いたるところに伏兵を置いて待ち伏せよ。しかし、もし彼らが改悛し、礼拝の務めを果たし、喜捨もよろこんで出すようなら、その時は、逃がしてやるがよい。まことにアッラーはよくお赦しになる情深い御神におわします』」

この中で引用されたアッラーの啓示（『　』の部分）が剣の節である。うち「神聖月」の一の直訳は「（戦いが）禁止されている月」。イスラム暦（太陰暦で、別名ヒジュラ暦）の一年で第十一月（月名ズー・アル・カウダ）、第十二月（同ズー・アル・ヒッジャ）、第一月（同アル・ムハッラム）の連続している三か月と第七月（同ラジャブ）を言う。

コーランの啓示の順序　後のが先のを「取り消す」

ところで、アッラーの啓示集であるコーランは全部で百十四章から成る。しかし、章——スーラと言う——の順番は、啓示が行なわれた順序にはなっていない。むしろ逆で、おおむね「メディナ啓示」——ムハンマドがメッカからメディナに移住したヒジュラ（聖遷、西暦六二二年）後に下された啓示——が先に置かれ、それ以前に啓示された「メッカ啓示」が後になっている。

剣の節を含む第九章「改悛」は「メディナ啓示」のひとつ。しかも、啓示が行なわれた順序としては最後の百十四番目、あるいは、その直前の百十三番目の章ともされている。

この点で重要なのは、前回にも紹介したことだが、後期に下された啓示が、それ以前に下された、内容の矛盾する啓示を「廃棄・破棄する」つまり「取り消す」とされることだ。

これは「ナスフ（廃棄）」や「ナースィフ・ワ・マンスーフ（廃棄する節と廃棄される節）」と呼ばれるコーラン解釈の理論。『オックスフォード・イスラム事典』は、ナスフの概略をこう説明する。

「廃棄すること、廃止すること、無効にすること。コーランの節の矛盾を解決するために使用される理論上の道具であり、後期の節が、それ以前の節を無効にすること。（この理論は）アッラーは時に古い節をより良い節で取り替えるというコーランの節（第二章「牝牛」一〇六節）に基礎を置いている」

言及されているコーラン第二章一〇六節は、こう言う。「我ら（アッラーの自称）が（以前に啓示した）文句を取り消したり、わざと忘却させたりする場合には、必ずそれ以上か、それと同等の（代りの文句）を授けるようにしておる。アッラーは全能にましますことを汝（ムハンマド）は知らないのか」。この啓示について訳者、井筒俊彦・元慶応大学教授は、こう割注を付けている。

「『コーラン』は長い年月にわたって少しずつ成立して行ったものであるので、世の状態の変化やマホメット（ムハンマド）自身の内的成長につれて、以前の言葉を後に啓示された言葉が否定するような箇所が次第にふえて来た。回教（イスラム）に敵意を抱く人々は『神の言葉』であるはずの『コーラン』が前後矛盾するのは奇妙ではないかといって盛んにマホメットを揶揄し出した。また、回教徒自身の中にすら疑惑に心を迷わす者があったらしい。この一節はそういう非難への応答である」

剣の節は「寛容と忍従を求める合計百二十四節」を取り消した？

さて、剣の節は、同節以前に啓示され、内容が矛盾する節、いわゆる寛容と忍耐を求める節をいくつ取り消したのか。インターネットに掲載されている記事「コーランの廃棄の教義」によると、実に百二十四節にも上るという。

同記事はこれを踏まえて、次のように主張する。なお、この記事を「用意した」アブダッラー・アル・アラビーは『アメリカのイスラム化――イスラムの戦略とキリスト教徒の対応』などの著者。イスラム世界で生まれたが、キリスト教徒という。

「ムスリムの活動家はキリスト教化された、西側社会の人々と話をするとき、ナースィフ・ワ・マンスーフ（廃棄する節と廃棄される節）と呼ばれるイスラムの主要教義を故意に隠す。この教義は簡単に言うと（複数の）節が矛盾する場合、後で啓示された節が、それ以前に啓示された節を無効にすることを意味する。（すなわち）節の書かれたタイミングが、イスラム内の政策樹立の権威を決定するのである。

非ムスリムはナースィフ・ワ・マンスーフの教義が意味するところを知らずにはすまされない。イスラムの代弁者はイスラムが平和の宗教であり、コーランが人権違反、性偏見、テロなどを支持してはいないと言う。この時、これら代弁者は嘘をついているのである。イスラムが高貴な平和の宗教であると弁じ続ける西側政治家とリベラルなジャーナリストは、実際には偽り——彼ら自身が偽られ、オウム返しに語っている偽り——を宣伝しているのだ」

イスラム過激主義の拠り所（下）

イスラム（イスラーム）過激主義の拠り所となっている「剣の節」はじめイスラム教の聖典コーラン（クルアーン）の戦闘的章句。だが、これらの戦闘的章句を、イスラム世界をめぐる現在の混乱や紛争の原因と見ることには、西側の中東イスラム研究者の間でも強い反発がある。

例えば、塩尻和子・筑波大学院教授は、インターネット掲載の論説「イスラームの教義は暴力を容認するのか(2)」（中東協力センターニュース二〇〇五年六・七月号）で、こう言う。

「これらの章句はどれも『殺せ』『首を打て』と直接的な表現で殺戮行為を命じている。これらの章句は『剣の節』とも呼ばれており、ムスリムにとっても戦いを強制される厳しい教えである。これらの章句から、マディーナ（メディナ）期のムハンマドの宣教活動が非常に厳しい状況下にあったことが読み取れる。しかし、興味深いことに、これらの章句の後半部分か次の節には、敵が降伏しムスリム指導者に従うことを条件にして、捕虜を寛容に扱うよう指示している。このように、クルアーンには戦闘的な命令が数箇所みられるが、逆に平和や寛容を勧める章句は百を超える。本来、クルアーンには、不信仰者に対するジハードの記述も強制的に改宗を求める思想もみられない。わずか六、七箇所の戦闘的な章句をもとにして、後の時代に『イスラームの家』と『戦争の家』を区別する思想が定着し、さらに戦闘的ジハードの思想も成立したのである」

例えば通常「剣の節」と呼ばれる第九章「改悛」五節は「だが（四カ月の）神聖月があけたなら、多神教徒は見つけ次第、殺してしまうがよい。ひっ捉え、追い込み、いたる所に伏兵を置いて待ち伏せよ。しかし、もし彼らが改悛し、礼拝の務めを果たし、喜捨もよろこんで出すようなら、その時は遁がしてやるがよい。まことにアラーはよくお赦しになる情深い御神におわします」と言う。

うち「しかし」以降が、教授の言う「これらの章句の後半部分……」にあたるだろう。そして、この部分を字句通りに受け止めるなら、多神教徒が許されるには改宗が条件になるようだ。

なお、「イスラームの家」と「戦争の家」はムスリム（イスラム教徒）の伝統的な、二項対立の世界観を表す言葉。「イスラームの家」（アラビア語でダール・ル・イスラーム）はムスリムの領域を指し、「戦争の家」（同ダール・ル・ハルブ）は異教徒の領域を指す。世界はこれら二つの領域に分けられ、両領域の衝突（戦い）が世界史となる。この衝突を、「戦争の家」に対するムスリムの主体的な戦いと捉えた場合、ジハード（聖戦の意。正確には戦闘的ジハード）と言う。

カナダ・オンタリオのウォータールー大学電子コンピューター工学教授ムハンマド・アルマスリ氏もインターネット掲載の論説「コーランは暴力を裁可しているか」で、こう言う。

「例えば、コーランの節（第九章「改悛」五節、二九節、三六節）は非ムスリムに対するムスリムの戦いを許しているが、これら非ムスリムが信仰の外側にあるという理由で、彼らとの戦いをムスリムに許しているわけではない。これら非ムスリムが侵略者であり、罪人であったため、戦いが許されたのだ。しかし、（こうしたコーランの）戦闘的章句だけを取り上げ、また、他の章句と切り離して解釈するならば、こう信じることになるだろう。ムスリムと非ムスリムは、後者が降伏あるいは改宗するまで戦争状態にある、と。こうした（コーラン全体の）文脈から外れた仮定が普及したため、コーランの節のひとつ

（第九章五節）が『剣の節』と誤って呼ばれたのだ」

ところで、ここで言う「非ムスリム」は、「剣の節」では「多神教徒」にあたる。アラビア語ではムシュリクと言う。この他、「非ムスリム」には一般にムスリム以外の「聖典の民（アフル・ル・キターブ）」も入る。

岩波文庫『コーラン』の翻訳者、井筒俊彦・元慶応大学教授は聖典の民について、「『コーラン』ではユダヤ教徒、キリスト教徒、それに回教徒（ムスリム）をふくめて聖典の民という。神の天啓を授けられた民の意味である」と説明している。

コーラン理解に多大な害をなした二人

アルマスリ教授はまた、こう言う。

「ムスリムと非ムスリムとの間では戦争状態が常態であるという解釈は、危険な過激主義的解釈であり、極めて少数の学者しか表明していない、誇張された例外である。こうした解釈を自著のコーラン注釈本『コーランの影に』で示したのが、これら少数派学者のひとりサイド・クトゥブだった。実際のところクトゥブの見解は、多くの尊敬されるコーラン注釈の権威……の支配的な見解とは異なっていた」

クトゥブ（一九〇六～六六）はエジプトの原理主義組織「ムスリム同胞団」のイデオ

ローグ。現代のイスラム過激原理主義運動のマルクスあるいはレーニンと呼ばれるイスラム思想家だ。イスラム原理主義革命理論ジャーヒリーヤ論を打ち出し、ナセル・エジプト政権の打倒を訴えた。国際的イスラム・テロ組織「アルカーイダ」の最高指導者ウサマ・ビンラーディンはクトゥブを師とあおぐことで知られる。

アルマスリ教授はさらに、こう言う。

「コーランの理解に多大な害をなしたのは、西側の東洋学者バーナード・ルイスだった。彼は著作『イスラムの政治言語』の中で、こう書いた。『イスラム法学者に従えば、イスラム世界と不信心者の世界の、自然の、恒久的な関係は、公然たる、あるいは潜在的な戦争である……』。ルイスはこう書くにあたって、クトゥブの（コーラン）解釈だけに頼った。クトゥブとルイスの（コーラン）解釈は、焦点と選択の狭さという点で、今日のムスリムだけでなく、いつの時代においても世界の平和にとって危険である」

ルイス氏（米プリンストン大学名誉教授）は西側の中東イスラム学の権威。近年、著作『イスラム世界はなぜ没落したか？』が日本でも話題になった。一方、アルマスリ教授はエジプト出身のムスリムで「カナダ・イスラム会議」の全国議長。教授のルイス氏弾劾は党派的なイスラム護教論との批判も招きそうだ。

Ⅲ章　イスラム教改宗ユダヤ人への反感

ドンメー――ムスリムに改宗したユダヤ人（その一）

ここまで本書を読まれた読者は、アラブ人一般の「ユダヤ嫌い」の根が、アラブの民族的特性ではなくイスラム教にあると気付かれたのではないだろうか。それは、ヨーロッパ人の「反ユダヤ主義（アンチ・セミティズム）」の根が、インド・ユーロピアン（印欧語族）の民族的特性ではなくキリスト教にあるのと同じことだ。

とはいえ、ムスリム（イスラム教徒）が、イスラム教誕生の西暦七世紀から絶えることなくユダヤ人に対し憎悪をむき出しにしてきたわけではない。ムスリムの反ユダヤ主義が歴史に登場した、つまりその反ユダヤ感情が一気に強まったのは最近のことだ。きっかけは、一九四八年のイスラエル独立だった。

それ以前、たとえばトルコの前身、オスマン帝国（一二九九〜一九二二）はイスラム教帝国だったが、反ユダヤ感情は極めて希薄だった。一四九二年キリスト教徒のレコンキスタ（再征服）でイベリア半島のユダヤ人が追放されると、これら追放ユダヤ人の多くを受け入れている。そのオスマン帝国で、十七世紀ユダヤ人がイスラム教に大量改宗する事件も起きた。

「偽メシア」のシャブタイ・ツヴィ、イスラム教に改宗

この事件は、一六六五年エーゲ海岸スミルナ（現イズミル）出身のユダヤ人シャブタイ・ツヴィ（一六一六〜七六）が自らメシアと宣言したのが始まりだった。ツヴィは「世の終わり」が近いと述べ、ユダヤ人は間もなく「離散」から帰還し、エデンの天国が回復されると宣言した。このツヴィをガザのラビ（ユダヤ教律法教師）、ナタン（一六四三〜八〇）が真のメシアと断定したことから、「偽メシア」事件が本格化した。

ナタンはまだ青年だったが、傑出したラビとの評価が高かった。しかも、ツヴィを真のメシアと断定するにあたってナタンは自ら預言者を名乗った。預言者のお墨付きを得たメシア宣言者はツヴィが初めてとされ、各地の高名なラビたちも、ツヴィがメシアだという主張は有効だと証言した。

「救済」がやって来るというニュースは中東、北アフリカ、ヨーロッパのユダヤ人社会

に急速に広がった。各地で、仕事をやめて「約束の地」に向かうユダヤ人が続出した。ツヴィの塗油を紀元とする新たな暦も作られた。遺体がエルサレムへ運ばれることを期待し、屋根から飛び降りて死亡する男も現れた。

このユダヤ人社会の騒動にキリスト教社会も注目した。一部にはイエスの再来を期待する者も現れた。オスマン帝国政府も看過できず、翌一六六六年ツヴィの逮捕に踏み切った。改宗か死かの選択を迫られたツヴィはムスリムに改宗した。しかし、これで事態はおさまらなかった。

というのも、ツヴィを信奉してきたユダヤ人の間に、その改宗こそ神の人類救済過程の一つのステップと捉える考えが広がったからだ。彼らはツヴィにならって続々とムスリムに改宗した。これら改宗ユダヤ人は、背教を意味するトルコ語から「ドンメー」と呼ばれた。彼らは、ギリシア北部のテサロニキ（英語名サロニカ）を最大拠点とした。

もっとも、他のムスリムはドンメーを疑惑の目で見た。表面上ドンメーはラマダン月の断食やメッカ巡礼といったムスリムの戒律は遵守したが、陰ではユダヤ教の礼拝、戒律も守り続けたからだ。このため、他のムスリムから「隠れユダヤ教徒」と陰口をたたかれた。

「青年トルコ人」運動を担ったドンメー

オスマン帝国内で極めて小規模なコミュニティーを構成したドンメーだったが、二十世紀に入って帝国政治の表舞台に躍り出た。ドンメーの知識人が「青年トルコ人」と呼ばれた帝国の改革運動「統一と進歩委員会（ＧＵＰ）」に相次いで参加し、その有力メンバーになったからだ。

「青年トルコ人」運動に参加したドンメーも、多くがテサロニキ出身者だった。テサロニキ市はもともとドンメーを含めたユダヤ人の多いことで知られ、十九世紀末には市人口の三分の二がユダヤ人だったとされる。ドンメーだけでなく、同市在住のユダヤ人も数多く参加したため、テサロニキが「青年トルコ人」運動の一大拠点となった。

アタチュルク

ところで、イスラム世界に広がる「ユダヤ人陰謀説」の一つに「アタチュルク・ドンメー説」がある。トルコ共和国の初代大統領ムスタファ・ケマル・アタチュルク（一八八一～一九三八）が実はドンメーだったという説だ。この説にもテサロニキが顔を出す。アタチュルクがテサロニキ市で生まれ、成長したことが、この陰謀説の大きな根拠にされていているからだ。

アタチュルクは、イスラム世界の伝統的統治制度であるカリフ制を廃止したばかりではない。イスラム教の教敵ともいうべき「世俗主義」を新生トルコ共和国の最高国家原理とした。こうした反イスラム政策を取ることができたのは、アタチュルクがドンメー、すなわち「隠れユダヤ教徒」だったから、というのが「アタチュルク・ドンメー説」の趣旨だ。

本来根拠薄弱な陰謀説だが、その後根強く残ったのは、皮肉にもアタチュルクの反イスラム政策が徹底したためとも説明される。つまり、本当のムスリムならばこうした反イスラム政策は取れるはずがないと疑うムスリムにとって、「アタチュルク・ドンメー説」ほど「腑(ふ)に落ちる」説明はなかったというわけだ。

さて、テサロニキのドンメーはその後、数奇な運命をたどる。オスマン帝国崩壊にあたりギリシアとの取り決めでトルコに集団移住したのが、それだ。公にはムスリムだったためだが、これが幸いし、第二次大戦時ギリシアを襲ったホロコーストを免れることができた。ドンメーは現在、イスタンブールに約六万人が住むとされる。

ドンメー――ムスリムに改宗したユダヤ人（その二）

前回、イスラム世界、とりわけ原理主義勢力内に根強い「アタチュルク・ドンメー説」を紹介した。トルコ共和国の初代大統領で、アタチュルク（トルコの父）と敬われるムスタファ・ケマルがドンメーだったという陰謀説だ。ドンメーとは、十七世紀半ばオスマン帝国に現れた偽メシア、シャブタイ・ツヴィにならってムスリムに改宗したユダヤ人と、その子孫のことだ。

この説によれば、アタチュルクはドンメーだったがために、イスラム世界の伝統的統治制度であるカリフ制を廃止、さらにはイスラム教の教敵ともいうべき「世俗主義（ライクリッキ）」を新生トルコ共和国の国家原理としたということになる。

実はこの陰謀説、イスラム世界だけでなくユダヤ社会にも支持者がいる。一見アタチュルク・ドンメー説を裏付けるような記事を掲載したユダヤ系メディアもある。ニューヨークで刊行されているユダヤ系新聞「フォワード」の記事「ケマル・アタチュルクがシェマ・イスラエル（聞け、イスラエル）を暗唱したとき――『これは私の秘密の祈りだ』と告白した」がそれだ。この記事（九四年一月二十八日付け）は要旨、以下のように言う。

＊

一九一一年の秋のある夜、ユダヤ人ジャーナリストのイタマル・ベンアビ（一八八二〜一九四三）はエルサレムのカメニッツ・ホテルをのぞいてみた。すると、同ホテルの経営者が話しかけてきた。「隅に座っているトルコ人将校がいるだろう。アラク酒（中東や北アフリカで伝統的に造られてきた蒸留酒）の瓶を抱えている人だよ。彼はトルコ軍の最も重要な士官の一人だ」。ベンアビが「名前は何て言うんだ」と尋ねると、「ムスタファ・ケマルだ」と経営者は答えた。ケマルの緑色の突き刺すような目に驚いたベンアビは「ケマルと話がしたい」と紹介を頼んだ。

ベンアビはこの夜と、十日後の二回ケマルと話を交わした。二回とも主にオスマン帝国政治が話題になった。会話はフランス語で行なわれ、また、二人は浴びるほどアラク酒を飲んだ。

一度目の時、ケマルはこう打ち明けた。「私はシャブタイ・ツヴィの子孫（ドンメーの意）なんだ。私はもはやユダヤ人ではないが、あなた方のこの預言者の熱烈な崇拝者なんだ。この国のユダヤ人は誰であれ彼の陣営に参加するのが賢明、というのが私の意見だ」

二度目の会見も同じホテルで行なわれたが、その際ケマルはこう言った。「私の家には、ベネチアで印刷されたヘブライ語のバイブルが一冊ある、かなり古いもので、父は、その読み方を私に学ばせるため、ユダヤ教カライ派の教師の元に私を連れていった。私は今でも、その（バイブルの）いくつかの言葉を覚えている」。ケマルはしばらく沈黙し、何物かを探すように目を宙にただよわせた。それから、こう言った。「シェマ　イスラエル、アドナイ　エロヘヌ、アドナイ　エハド！」（聞け、イスラエル、主は我らの神、主は唯一である――の意）

ベンアビが「それは、我々（ユダヤ教徒）の最も重要な祈りだよ、大尉」と言うと、ケマルは二人のグラスをアラク酒で満たしながら、「これは私の秘密の祈りでもあるんだ」と語った。

ベンアビにはたぶん分からなかったかもしれない。しかし、ケマルが言及した「秘密の祈り」とはまさに、その言葉通りの（ドンメーの）「秘密の祈り」だった。ドンメーの秘密礼拝が初めて学会に知られたのは一九三五年、ドンメーに関する本がエルサレムのナショナル・ライブラリーに届いた時のことだ。その一つに信仰告白の祈り、「シャブタイ・ツヴィ、彼以外の何者も真のメシアではない。聞け、イスラエルよ、我らの神、主は唯一の主である」があった。

ケマルがシェマの言葉を思い出したのはバイブルからではなく、この（ドンメーの）クレド（信仰告白）だったことは疑いがない。私（この記事の筆者）の知る限り、ケマル、後のアタチュルクがこの言葉を知っていると告白したのは、成人してからはこれ一度だけだ。

不思議な出会い

以上の記事は、ベンアビの日記に基づいたものだという。この記事はまた、ベンアビの父が、十九世紀から前世紀はじめパレスチナでヘブライ語口語の復活を指導したエリエゼル・ベンイェフダ（一八五八〜一九二二）であり、ベンアビは古代以来ヘブライ語で育てられた最初の子供だとも紹介している。

さて、ベンアビの日記に記されたケマルとの遭遇が事実だとして、ケマルが思い出したという「秘密の祈り」の言葉は申命記六章四〜九節の冒頭部分だ。この後に「あなたは心を尽くし、魂を尽くし、力を尽くして、あなたの神、主を愛しなさい」と続く。あまりに

ベンアビ

も有名な言葉であり、仮にこの言葉を語ったとしても、ケマルがドンメーだという証拠にはなるまい。しかも、ケマルはこの時アラク酒を飲んでいたという。話し相手はユダヤ人であり、酒の上のジョークだったとも言える。

　ところで、この時期、ケマルはどんな境遇にあったのか。一九一一年九月二十七日、オスマン帝国軍大尉のケマルは参謀本部勤務になって、前任地の（現ギリシア北部）テサロニキから首都イスタンブールに転勤した。そして、翌十月五日、イタリアが北アフリカに残るオスマン帝国最後の領土リビアに侵攻すると、ケマル大尉は同月十五日イスタンブールを離れ、年末までに陸路エジプト経由でリビアに入っている。エジプトに向かう途中エルサレムに立ち寄り、そこでベンアビに遭ったのだろうか。

ドンメー——ムスリムに改宗したユダヤ人（その三）

二〇〇四年十一月十五日の土曜日、トルコ最大の都市イスタンブールで、イスラム過激組織「大東方イスラム戦士戦線（ＩＢＤＡＣ）」が二つのシナゴーグ（ユダヤ教会堂）をほぼ同時刻に爆弾テロで襲った。二十人が死亡した。ＩＢＤＡＣはこの日犯行声明を出し、その中でドンメーに言及した。

ＩＢＤＡＣは、この犯行声明に「汚いユダヤ人よ、シャバット・シャローム」とのタイトルを付けた。シャバット・シャロームは、ユダヤ教徒の安息日の挨拶の言葉だ。また、声明の中で、ユダヤ人が「ムスリムのトルコ」に対して犯したという〝罪状〟を並べ立てた。その最初に挙げたのがドンメーの〝罪〟だった。ＩＢＤＡＣの声明は、このドンメーが幾世紀にもわたってトルコ国民の魂に「毒を盛った」と糾弾した。

トルコのテロ組織調査機関によると、ＩＢＤＡＣは世俗主義のトルコ現体制を否定するイスラム過激組織。一九七〇年頃から活動を開始し、近代トルコの父ムスタファ・ケマル・アタチュルクの像や教会に対する破壊活動を繰り返した。組織は出版宣伝部門と武装闘争部門から構成され、指導者は「司令官」と呼ばれるサリフ・エルディシュだ。

ＩＢＤＡＣの最大特徴が極端な反ユダヤ主義で、「最高のユダヤ人は死んだユダヤ人」と公言してはばからない。（読売新聞〇三年十一月十六日付け）

もっとも、ＩＢＤＡＣが犯行声明でドンメーに言及したことは、欧米のメディアではほとんど報じられなかった。ドンメーの存在自体が知られていない日本のメディアでは、完全に無視された。

ドンメー社会の分裂

ところで筆者の手元に、このドンメーの歴史と現状を伝えた珍しい新聞記事がある。イスラエルの英字紙エルサレム・ポストの記事で、日付けは一九九一年七月十二日になっている。以下その内容を紹介しよう。

この記事によると、ドンメーの〝教祖〟ツヴィが一六七六年、五十歳で亡命先のアルバニアで死亡すると、付き添っていた最後の妻のヨヘベドは故郷のテサロニキ（ギリシア北部）に帰った。同市はツヴィが「聖市」と宣言した町で、当時ドンメーの最大拠点だった。

問題は、帰郷したヨヘベドが実弟のヤコブをツヴィの魂の生まれ変わりと宣言したことだ。この宣言を支持するか否かでドンメー社会は分裂した。宣言を支持したドンメー信徒は「ヤコブ派（ヤクビス）」と呼ばれた。一方、宣言を拒否した信徒は、ツヴィの出身地イズミル（トルコ西部）にちなんで「イズミル派（イズミリス）」と呼ばれた。

トルコに残る信徒グループ・カラカシュ派

十八世紀に入って、ドンメー社会は一層の分裂に見舞われた。一部信徒がカリスマ的な青年指導者バルキア・ルッソをツヴィの新たな生まれ変わりと宣言したためだ。ルッソの周りに集まった信徒グループは「カラカシュ」と呼ばれた。

三派のうち、ドンメー社会の上層部を構成したのはイズミル派だった。富裕な商人や知識人たちで、（ユダヤ・スペイン語とも呼ばれる）ラディノ語で「カバレロス（紳士の意）」と呼ばれた。また、ヤコブ派信徒の多くは、政府役人や事務員などの中産階層だった。一方、カラカシュ派は最下層のプロレタリアとアルチザンが主な信徒だった。

十九世紀半ば、このオスマン帝国のドンメー社会に大きな変化が生じた。イズミル派とヤコブ派がムスリム社会に同化する傾向を強めたからだ。これに伴い両派信徒は同帝国の改革運動「青年トルコ人」運動にも参加し、頭角を現した。一九〇九年、初の青年トルコ人政府が樹立されると、ドンメー信徒三人が入閣し、うちジャビド・ベイは蔵相に就任している。

第二次世界大戦後、イズミル、ヤコブ両派によるムスリム社会への同化傾向は一段と強まった。その結果、まずヤコブ派が宗教共同体としては消滅した。イズミル派も独自性を失い、同派が独自に所有するシナゴーグは一つもなくなった。

こうした中、伝統に固執したのがカラカシュ派だった。九一年七月時点で同派信徒約三千人がイスタンブールの同派地区に居住している。

トルコ生まれの精神科医でドンメーの研究者ガド・ナシ博士によると、カラカシュ派信徒の容貌には際立った特徴がある。これは、長年、結婚相手を同派信徒に限ったためだ。しかし、知的能力には影響がないという。

ナシ博士は、「彼らはよそ者が自分たちの家の中に入ることを許さない。また、派外の者と結婚する者が出れば、その者は同派コミュニティーから排除される」と語っている。

カラカシュ派のシナゴーグには、バルキア・ルッソの片腕のない、蝋製の像が置かれている。この像がかつてテサロニキにあった際、火事に遭い片腕が融解したのだという。

さて、イスラエル誌エルサレム・レポートは二〇〇〇年十月十日号で、「タンス・チルレル元首相にもドンメーの家系出身との憶測がある」と報じた。元首相（在任一九九三〜九五）は近代トルコ初の女性首相として有名だ。しかし、残念ながら、エルサレム・レポート誌は、それ以上のことには触れていない。

ドンメー――ムスリムに改宗したユダヤ人（その四）

二〇〇四年八月開催されたアテネ・オリンピックで、サッカーの試合の一部がギリシア北部のテサロニキ（英語名サロニカ）で行なわれた。日本チームのリーグ戦第一試合パラグアイ戦も、このギリシア第二の都市で行なわれた。同市はかつて、世界でも有数のユダヤ人居住地であり、またドンメーの最大拠点だった。

ところでテサロニキには、オスマン帝国の後身であるトルコ共和国の初代大統領ムスタファ・ケマル・アタチュルクの生家がある。場所はトルコ領事館の敷地だ。前々回「アタチュルクはドンメーだった」という陰謀説を紹介した。また、同説が最近イスラム世界で強まる反ユダヤ主義（アンチ・セミティズム）の〝強力武器〟になっていることも紹介した。実は、この陰謀説の有力な根拠にされているのが、テサロニキ生まれというアタチュ

ギリシア北部の町テサロニキ

ルクの生い立ちなのだ。

ニューヨークのユダヤ系新聞「フォワード」（九四年一月二十八日付）はこう言う。

――アタチュルク・ドンメー説に言及した数少ない資料にイスラエルのエンツィクロペディア・ハイブリートがある。……同書はアタチュルクについて次のように書いている。「ムスタファ・ケマルは、テサロニキ税関の小官吏の家に生まれ、若くして父親（アリ・リザ）を失った。アタチュルクの家族がドンメー出身だったという説は、トルコのユダヤ教徒とムスリムの双方に流布している。しかし、証拠はない。彼は少年時代、伝統的な宗教教育を受けさせたいという母親の希望に反対し、十二歳の時、自分の希望で軍学校に送られた」

ケマル・アタチュルクの父親

アタチュルクの教育に関する、このエンツィクロペディア・ハイブリートの記述は、彼自身が語っていたことと若干異なる。以下は、アタチュルクの伝記作者たちが引用した彼自身の話だ。

「私の父はリベラルな考えの持ち主だった。宗教にはむしろ敵意を抱き、西側の思考の熱狂的な支持者だった。父は、できうれば私が世俗学校、つまり教育の基盤をコーランではなく近代科学に置く学校に入ることを望んだ。（アタチュルクの教育をめぐって両親の意向が対立すると）父はささやかな戦術を使って勝利を収めることができた。まず母の希望に屈服したふりをし、私を伝統的な礼式の（イスラム学校）ファトマ・モッラ・カディン校に入学させた。約半年後、父はこっそりと同校から私を退学させ、老齢のシェムシ師のもとに連れていった。師はヨーロッパの教育法に沿った自由な予備学校を運営していた。母は、自分の希望がいったんはかなえられ、自分のしきたりが尊重されたことから、もう反対はしなかった。……」

ここで、アタチュルクの父親は、典型的なドンメー流、つまり表向きはムスリムの礼式を守り、内々ではあざけるという振る舞いをしている。彼はいったい何者だったのだろうか。アタチュルクの母親ズベイデはテサロニキ西方の、現在のアルバニア国境に近い山岳部の出身だった。一方、父親アリ・リザの出身地についてはよくわかっていない。伝記作者たち（の説）もアルバニア、アナトリア、テサロニキとまちまちだ――

トルコに強制移住させられたドンメー

さて、テサロニキのユダヤ人とドンメーはオスマン帝国崩壊期、時代の激流に巻き込まれることになる。まず、一九二三年、ギリシア・トルコ戦争の結果締結されたローザンヌ条約で、ドンメーはトルコに移らねばならなくなった。同条約でギリシア在住のムスリム四十万人はトルコに、トルコ在住のキリスト教正教徒百三十万人はギリシアに移ることが決まったからだ。一方、ユダヤ教徒は所在地に留まることが許された。当時、テサロニキ在住のドンメーの人口は一万から一万五千人を数えた。

この時の状況を「コモンセンス」（「英国のイスラム党」ウェブサイトの記事）はこう述べる。

――ドンメーは、自分たちがトルコ人でなく、ムスリムの宗教を実践しているユダヤ人だと主張した。しかし、この主張は拒否された。ドンメーの主張にギリシア政府が異を唱えたわけではなかった。決め手になったのはローザンヌ条約の内容だった。同条約はトルコ人であることを民族的な起源ではなく、宗教によって定義したからだ。

そこで、テサロニキのドンメーの中には、ユダヤ教徒に戻ることを認めてくれるようユダヤ教のラビたちに訴える者もいた。しかし、この訴えも拒否された。ギリシア政府同様ラビたちも、ユダヤ人だというドンメーの主張に異を唱えたわけではなかった。拒否したのは、ドンメーが「私生児（ヘブライ語でマムゼリーム）」という理由からだった。

ドンメーは例年乱交パーティーを開き、そこで別の配偶者と同衾している（ことが知られていた）。したがってドンメーは、その父親が誰であるか確定できない――私生児だ――とラビたちは主張したわけだ。聖書には「私生児は主の集会に、その十代目の子孫さえ参加できない」（申命記二三・二［三］）とある。やむなくドンメーはテサロニキを去った――

ところが、一八年後、テサロニキに留まることのできたユダヤ教徒を大災難が襲うことになる。第二次世界大戦中の一九四一年、ユダヤ人抹殺を図るナチス・ドイツがギリシアを占領したからだ。一九四三年三月から六月にかけ、拘束したユダヤ人を載せた列車が計十九回もポーランドのアウシュビッツ＝ビルケナウ強制収容所に向かった。当時テサロニキのユダヤ教徒は約五万人。うち、ナチスの魔の手を逃れることのできたのは約二〇〇〇人に過ぎなかった。

改宗ユダヤ人ビンサバと異端教義

先に、「砕かれた米同時テロ・ユダヤ人陰謀説」の項で、イスラム世界に広がるユダヤ人陰謀説の起源の一つを紹介した。「イスラム教草創期、イスラム教に改宗したイエメン系ユダヤ人アブダッラー・ビンサバが、イスラム教少数派シーア派を創設した」という内容だ。

この陰謀説によると、ビンサバはシーア派が初代イマーム（神的な最高指導者）と崇める第四代正統カリフ、アリー（預言者ムハンマドの娘婿）に神的要素があるとみなし、それがシーア派の基本教義になったという。

日本人にはなじみのない陰謀説だが、イスラム教多数派のスンニー派、とりわけ原理主義勢力の間では常識の部類に入るらしい。中でもサウジアラビアの支配宗派ワッハーブ派では教義の一つになっているという。米プリンストン大学マイケル・スコット・ドラン助教授（近東研究）は米誌『フォーリン・アフェアーズ』二〇〇四年一～二月号発表の論文「サウジ・パラドックス」で、こう書いている。

「例えば、伝統的なワッハーブ派の教えには、中世のスンニー派の神話――シーア派の教義を発明したのは、実際はイスラム教徒に改宗したユダヤ人アブダッラー・ビンサバだったという神話――が含まれている。この神話は、シーア派の教義に一種のユダヤ人DNAが流れていることを意味する。この（ユダヤ人の）〝罪状〟に、さらに現代の反ユダヤ主義から取り入れた新たな特性、ユダヤ人が世界支配を謀っているといった概念が移植された」

ビンサバの人物評

さて、ビンサバとはどんな人物だったのか、あるいはどんな人物だったとされているのか。オランダ・ライデンのブリル社発行の『エンサイクロペディア・オブ・イスラーム』は次のように述べる。

「アブダッラー・ビンサバ。シーア派の創設者とされる。別名イブン・サウダ（注、サウダの息子の意）、イブン・ハルブ、イブン・ワフブ。また、サバーとも表記される。関連する宗派の名前はサバイーヤ（サバ派）と表記される。

スンニー派の説明だと、ビンサバはイスラムに改宗したイエメン系ユダヤ人で、アリーの時代、現在シーア派の過激な分派『グーラー』の教義とされている考えを初めて導入した人物とされる。とりわけビンサバが創始者とされるものに、アリーその人の称揚（の教義）がある。

例えば、『ヨシュアがモーセの後継者だったように、アリーは神から任命されたムハンマドの後継者である（ウィサーヤ＝継承＝教義）』『アリーは死んではおらず、地上に正義をもたらすために戻ってくる（ラジュア＝帰還＝教義）』『アリーは神的（存在）であり、雲間に高められた。雷がアリーの声だ』とする教義だ。

スンニー派により、ビンサバは陰謀をめぐらす狡猾さでサハーバ（ムハンマドの教友）間の完全な調和を最初に破壊した人物とされた。ビンサバはアリーの特別な諸権利を理由に挙げ、エジプト人を煽ってウスマン（第三代正統カリフ、アリーの前任者。カリフ在任西暦六四四〜六五六）に対する反乱に決起させた。……」

「現世帰還」教義の種をまいたビンサバ

ところで『エンサイクロペディア・オブ・イスラーム』の記述には、ビンサバが行なったとされる具体的な事柄が少ない。そこでインターネットで探すと、イスラム主義系サイトに以下の記述があった。

「アブダッラー・ビンサバはイエメン・サナアのユダヤ人で、母親はサウダと呼ばれた。彼は新たな信仰――メディナとヒジャーズ（アラビア半島北西部）のアラブ人に対するユダヤ人の専制支配を潰した新たな信仰（注・イスラム教）に激しい怒りを募らせた。（第三代正統カリフ）ウスマンの統治期にイスラム教に改宗すると、ヒジャーズの諸都市を訪れた。またバスラ（イラク南部）、クーファ（イラク中部）、シリアを訪れた。……エジプトを訪れ、そこに定住すると自分の企みを心地よい現実に見せかけ、それによって（エジプトの）人々に信仰への幻滅を抱かせるキャンペーンを開始した。……

『私はあなた方の態度に本当にびっくりしている。あなた方はマリヤの子キリストの現世への帰還を肯定する。しかしムハンマドの現世帰還は否定する』。これがビンサバの十八番の論点だった。ビンサバはこの論点を繰り返し力説した。その結果、意志の弱い人々が彼の罠に落ち、預言者の復活という概念を信じ始めた。ビンサバはムスリムの心に『現世帰還』教義の種をまいた最初の人物だった。

ビンサバが人々に広げた二つ目の虚偽は、預言者はそれぞれ自分の意志を執行する代理人を有しているとの考えだ。この考えによれば、その代理人から、預言者の意志執行の権利を奪う抑圧者が最も悪辣だ。

『おー人々よ。ウスマンはアリーの権利を奪い、彼を苦しませ迫害した。この抑圧者（ウスマン）に反対して立ち上がれ。そして正当な権利主張者に権利を返せ』

こう人々に呼び掛けたビンサバは自分の異端の考えを広げるため、友人と仲間から成る旅団を組織した。そして、様々な都市に散開するよう求めた。……彼等の悪意に満ちたキャンペーンは最終的にカリフ（ウスマン）の生命を奪った。……反乱者はカリフの住居を襲撃し、その命を絶った」

最後に、『エンサイクロペディア・オブ・イスラーム』の記述の結論部分を紹介しよう。

「以下のような仮定が可能かもしれない。ビンサバは一個の人間として、たぶん別の人間であるイブン・サウダとともに、アリーの支持者であり、アリーの死を受け入れなかった。ビンサバはユダヤ人ではなかったかもしれない。アリーの宗教的地位を称揚したサバイーヤ（サバ派）と呼ばれる一つ、あるいは複数の宗派の創設者か指導者だった」

ユダヤ人を祖父に持つアルカーイダ・メンバー

パキスタン政府は二〇〇五年五月四日、同政府がアルカーイダのナンバー3と見なすリビア人アブーファラジュ・リービーの逮捕を発表した。九・一一テロを首謀したアルカーイダ最高幹部カリド・シェイク・ムハンマドの配下で、カリドが〇三年三月パキスタンで逮捕された後、代わってアルカーイダのテロ作戦責任者となり、パキスタン国内のテロ作戦を統括していたとされる。

アブーファラジュが首謀した重大事件とされるものに、〇三年十二月二度にわたったムシャラフ・パキスタン大頭領暗殺未遂がある。一度目は十四日首都イスラマバード近郊のラワルピンディで、大統領の車列が橋を通過した数分後に橋の下部に仕掛けられていた爆弾が炸裂した。二度目は二十日、一度目の現場近くで起きた。大統領の車列に二台の爆弾車が突っ込んで爆発した。大統領は無事だったが、十四人が死亡した。

ダニエル・パール事件

また、アブーファラジュの関与が疑われる事件に、〇三年一月カラチで起きた米紙ウォールストリート・ジャーナル記者ダニエル・パールの誘拐・殺害事件がある。誘拐約一カ月後の二月下旬、誘拐犯がパール記者のクビを切り落とす衝撃的なシーンを撮影したビデオ・テープがパキスタン、米両当局に送りつけられた。事件の首謀者は当時アブーファラジュのボスだったカリドで、自らパール記者を斬首した疑いがある。

ダニエル・パール記者

パール記者は当時三十八歳。インドのボンベーを基地とするウォールストリート・ジャーナル紙の南アジア支局長だった。カラチ入りしたのは「シュー・ボンバー（靴爆弾犯）」と呼ばれる英国人リチャード・リードとアルカーイダ指導部との繋がりを取材するためだった。リードがパキスタン在住の何者かから電話で指示を受けていた証拠をつかんでいた。アルカーイダ消息筋に会うためカラチ市内のレストランに向かった直後、誘拐された。

アルカーイダは、接近を図った西側ジャーナリストを無闇やたらには殺さない。しかし、ユダヤ人となると話は別だ。パール記者はユダヤ系米国人だった。誘拐犯は斬首の直前、パール記者に「私の父はユダヤ人だ。私の母はユダヤ人だ。私はユダヤ人だ」と語らせている。また、誘拐・殺害の犯行声明で、パール記者が米中央情報局（ＣＩＡ）、さらにはイスラエル諜報機関のスパイだと決めつけた。

筆者はこれまでに何度も指摘してきたが、イスラム原理主義者の反ユダヤ主義は激烈だ。彼らにとってユダヤ人は究極の敵だ。もっとも、こうした原理主義勢力の代表組織アルカーイダにも、血縁者にユダヤ人を持つ者がいる。米連邦捜査局（ＦＢＩ）が〇四年五月、米国内でテロを計画している疑いがあるとして情報提供を国民に呼び掛けたアルカーイダ・メンバー、アダム・ガダーン（26）だ。

十七歳でキリスト教徒からムスリムに改宗

ガダーンは米カリフォルニア州出身で、祖父カール・パールマンがユダヤ人だった。カールは著名な泌尿器科の外科医だったが、息子のフィリップ、つまりガダーンの父親は、ヤギの飼育を生業とした。さらに、ガダーンが生まれる直前キリスト教徒に改宗し、苗字も聖書の人物ギデオンにちなんでガダーンと変えた。きっかけは、浜辺に置き忘れられた一冊の聖書を拾ったことだったという。

ガダーンは十七歳のとき、USCウェブサイトに投稿したエッセイ「ムスリムになる」で、家庭内の宗教事情をこう述べた。「父は不可知論者あるいは無神論者として育てられた。しかし、誰かが浜辺に置き忘れた聖書を拾ったのがきっかけで唯一神教の信徒となった。一時、父にはムスリムの友達が幾人かいた……。母はカトリック教徒として育てられた。したがってキリスト教を好む。しかし、母も父と同様、キリスト教の中心的教義トリニティ（三位一体）は無視している」

父フィリップは一時期イスラム法に則ったヤギの屠殺を行ない、ハラール・フード（ムスリムに許容される食品）としてムスリム経営の店に卸していた。ガダーンは前述のエッセイで、父親のムスリムの友人についてこう述べる。

「（米国の）メディアやテレエヴァンジェリスト（テレビ福音派）が描くような、血に餓えた、野蛮なテロリストではなかった。たぶん、こうした知識が（ムスリムに改宗する）私の個人的探求を継続させたのだろう」

ガダーン

改宗の直接のきっかけは、インターネット上で行なわれている宗教論争に接したことだった。イスラム教に惹き付けられた理由として「イスラム教は神を擬人化した存在ではなく、人間の理解を超えた実体……と呈示している。イスラム教には俗人にもわかりやすい聖書（コーランの意）がある。また、その解釈に関し無謬とされる法王や聖職者は存在しない」などとし、ユダヤ教についても、「イスラム教は選民を信じない」と述べている。

ガダーンは改宗後間もなくパキスタンに向かい、その後消息不明となった。それから七年後の〇四年十月、米ＡＢＣテレビは「アメリカ人アッザム」と自称する男が、米国にテロ攻撃を掛けると脅す七五分のビデオ・テープを入手したと報道。同時に、この人物がガダーンと思われると報道した。また、ＦＢＩはガダーンが、パキスタン周辺に潜伏中のアルカーイダ指導部内で通訳をしているとの見方を取っている。

ＦＢＩの推測が正しいなら、ガダーンは九・一一テロの首謀者カリドを含めたアルカーイダ指導部の多くと面識があったに違いない。ウォールストリート・ジャーナルのパール記者の誘拐・殺害についても、具体的な情報を知り得たはずだ。

こうしたまさに「血に餓えた、野蛮な」事件を数多く経ても、ガダーンが少年期に抱いたムスリム観に変化はないのだろうか。

イスラム教に改宗した最初のラビ

先に、「預言者ムハンマドのユダヤ人への譲歩」の項で、預言者が西暦六二二年迫害を逃れてメッカからメディナに移住したこと、そしてメディナのユダヤ人の共感を得るため幾つかのユダヤ人の慣習を借用したことを紹介した。しかし、こうした譲歩にもかかわらず、ユダヤ人は預言者の説得に耳を貸さなかった。

もっとも、ユダヤ人のすべてが預言者を拒否したわけではなかった。わずかながら、受け入れるユダヤ人もいた。その代表的人物がアル・フサイン・イブン・サラームだった。ムスリムの伝承だと、彼はメディナのユダヤ人氏族カイヌカに所属するラビ（ユダヤ教律法教師）だった。このため、「イスラムに改宗した最初のラビ」と呼ばれる。

アル・フサインの改宗は劇的で、興味深い。その模様を彼自身が伝承の中で次のように述懐する。

「私(アル・フサイン)は神の使徒――彼に平安あれ――の出現を聞いたとき、彼の名前、家系、特徴、(出現した)時と場所を調べ、この情報と、われわれ(ユダヤ教)の経典に書かれている物事と比較してみた。これら調査から、私は、彼が正しい預言者であると確信し、その使命の真実を確認した。しかし、私の結論は他のユダヤ人には隠した。私は沈黙した……。

そして、預言者――彼に平安あれ――がメッカを離れヤスリブ(メディナの旧名)に向かう日がやってきた。彼がヤスリブに着いてクバに立ち寄ったとき、一人の男が街に走り込んできて預言者の到着を人々に告げた。私はその時、ヤシの木に登って働いていた。その木の下には伯母のカリダ・ビント・アル・ハリスが座っていた。預言者到着の知らせを聞いて、私は叫んだ。『アッラー・アクバル、アッラー・アクバル』(アッラーは偉大なり、アッラーは偉大なり)

伯母は私のタクビール(アッラーは偉大なり、と言うこと)を聞くと、こう私に忠告した。『落ち着きなさい……。あなたは、モーセが到着したという知らせを聞いても、神かけて、これほどは熱狂しなかったでしょう』

『伯母さん、神かけて、彼は本当にモーセの兄弟であり、モーセの宗教を奉じています。彼はモーセと同じ使命を持って遣わされた人です』……

私は近くに寄って預言者を見た。よく見つめ、その顔が詐欺師の顔ではないと確信した。私はさらに近づいて、（イスラム教の）信仰告白『アッラー以外に神なし、ムハンマドはアッラーの使徒である』を宣言した。

預言者は私の方を向き、『あなたの名前は何か』と尋ねた。『アル・フサイン・イブン・サラームです』と答えると、彼は『これからは代わってアブドゥッラー（アッラーの僕の意）・イブン・サラームと名乗りなさい』と言った。私は『はい』と受け入れた」

預言者ムハンマドはモーセの後継者

この伝承で注目されるのは、ムスリムが預言者をモーセの継承者と見なしていること。こうした考えはイスラム教の聖典コーラン自体に多々見られるものだ。例えば第四十六章「砂丘」第十二節は、「この経典（コーラン）以前にも、ムーサー（モーセのこと）の経典（律法）があった。これ（コーラン）は、それ（モーセの律法）をアラビア語で確証する経典だ」と言う。

さて、改宗したアル・フサインの努力にも関わらず、ユダヤ人は預言者を拒絶する。伝承は、その経緯を生々しくこう述べる。

「その後、私は預言者――彼に平安あれ――のところに戻った。そしてこう言った。『おお、神の使徒よ。ユダヤ人は中傷と偽りの（性向がある）人々です。彼らの中で最も有力な人々を招き、面会されることを望みます。（しかし、その会見の間）私を、あなたの部屋の一つに隠しておいてください。そして、私がイスラム（教）を受け入れたことを知らせず、彼らの間で私がどのような地位にあるか尋ねてください。それから、彼らをイスラムに招聘してください。もし、私がムスリムになったことを知ったならば、彼らは私を否認し、私が卑しいことをすべてを行なっていると非難し、中傷するでしょう』

預言者は彼の部屋の一つに私を隠し、ユダヤ人の有力者を招いた。預言者は彼らにイスラムを紹介し、神を信仰するよう促した。（案の定）彼らは異論を唱え、真理をめぐって預言者と論争を始めた。彼らがイスラムを受け入れそうにないとわかると、預言者はこう尋ねた。

『あなた方の間におけるアル・フサイン・イブン・サラームの地位は何か』

『彼はわれわれのサイド（指導者）であり、われわれのサイドの息子である。彼はわれわれのラビであり、われわれのアーリム（学者）であり、われわれのラビとアーリムの息子である』

『彼がイスラムを受け入れたことを知れば、あなた方もイスラムを受け入れるか』と預言者は尋ねた。

『なんと言うことを。彼がイスラムを受け入れたなんて。イスラムを受け入れないよう、神が彼を保護されますように』と、彼らは（ショックを受けながら）語った。

その時、私は彼らの前に姿を現して言った。『おお、ユダヤ人会衆よ。神を強く意識して、ムハンマドがもたらすものを受け入れよ。神かけて、確実にあなた方は彼が神の使徒であることを知っているし、あなた方のトーラー（ユダヤ教律法）の中に、彼に関する予言、彼の名前と特徴に関する言及を見いだすことができる。私は彼を信じ、彼が真理であることを信じている。私は彼がわかっている』

『あなたは嘘つきだ』と彼らは叫んだ。……そして彼らは私に対し、考えうる限りの悪態を吐き続けた……」

（注・アル・フサインに関する伝承はウェブサイト「イスラムに改宗したユダヤ人の証言」による）

預言者ムハンマドとユダヤ教徒の妻

前嶋信次・元慶応大学教授（一九〇三〜八三年）の著書『世界の歴史8・イスラム世界』（河出文庫）には、イスラム史の他の概説書にはない特徴がある。預言者ムハンマドの妻たちについて興味深い紹介を行なっている点だ。

前嶋氏は預言者の妻として十二人の女性を挙げる。うち、イスラム世界以外でも知られているのはハディージャとアーイシャの二人だろう。前者は預言者の最初の妻で、最初のイスラム教信徒となった女性。後者は預言者の死後、初代カリフ（預言者の後継者）となったアブーバクルの娘。幼くして預言者と結婚し、その十年後預言者の最期を看取った。

また、ハディージャは預言者がメッカ在住時代に結婚した唯一の女性である。一方、アーイシャはじめ他の十一人はすべて、西暦六二二年、預言者がメディナにヒジュラ（聖遷）した後、同市で結婚した女性たちだ。ちなみにメッカとメディナはそれぞれ、後にイスラム教第一の聖地と第二の聖地になっている。

実は、預言者がメディナで結婚した十一人の中に二人のユダヤ教徒がいる。両人と預言者との結婚について、前嶋氏はこう書く。

「六七二年から二九年までのあいだマホメット（預言者ムハンマドのトルコ語なまりの表記）は、さらに五人の女性を妻に迎えたので、都合十人の妻がかれを囲んで暮らすことになった。新しく迎えた五人のうち、いちばん早くきたのは、メディナにいた有力なユダヤ教徒の部族たるナディール族の出のライハーナとよぶ美女で、同じユダヤ教徒のクライザ族のひとりと結婚したが、マホメットはこの一族を滅ぼし、そのさい寡婦となっていたこの女性をめとったのである。

もうひとりは、サフィーヤとよぶ十七歳の美少女。これもユダヤ教徒で、同じくマホメットのため滅ぼされたメッカの北方ハイバルの町のキナーナ族のひとり。その戦いでまえの夫を失ったのを、マホメットに救われたというわけであった。

三番目は名をマリーアといい、コプト派のクリスチャンで、東ローマ帝国のエジプト総督が、贈物としてとどけてきた金髪の女奴隷のひとりであった。このおとめとライハーナとは異教徒であったから、正妻とはされず、女奴隷の身分のままにおかれた。ただしサフィーヤは、イスラムに改宗して正妻になったらしい」

預言者のユダヤ人妻、ライハーナとサフィーヤについて、もう少し詳しく見てみよう。両人のうち正妻だったとされるせいか、サフィーヤに関する伝承が多い。

「アロンは私の父、モーセは私の伯父である」

前嶋氏はサフィーヤをキナーナ部族に所属したとしているが、大方はメディナの三大ユダヤ氏族の一つ、ナディール族（バヌ・ナディール）の女性だったとする。しかも、サフィーヤの父フヤイ・イブン・アクタブは同氏族の族長だったという。

ナディール族は西暦六二五年、つまり預言者がメディナ入りした三年後、預言者の殺害を謀ったとして、同市北方約百五十キロのハイバルに追放された。彼らは六百頭のラクダを連ねて同地に移住したという。しかし、彼らは預言者に対する反対活動をやめなかった。このため、預言者は六二八年、千六百人のイスラム軍を率いてハイバルを攻撃し、ナディール部族を撃ち破った。

さて、サフィーヤはこのハイバルの戦いで父フヤイだけでなく、夫をも失った。彼女は寡婦となったばかりでなく、イスラム軍の捕虜となった。奴隷となる運命だったが、それを救ったのが預言者だった。預言者と結婚したサフィーヤはその後四年間、預言者の死までその側で暮らした。さらに預言者の寡婦として三十九年間生き、六十歳で死亡したという。

サフィーヤと預言者の結婚に関しては、彼女がハイバルの戦いの戦利品の最初の分け前として預言者の所有になったとか、預言者が七人の奴隷と交換して彼女を獲得したといった伝承もある。注目されるのは、彼女がユダヤ教徒だったため、預言者の他の妻たちから意地悪をされたとの伝承があることだ。預言者が他の妻ザイナブに対し、ラクダをサフィーヤに貸すよう促したとき、ザイナブは嫌がり、サフィーヤを「ユダヤ女」とののしったという。

一方、預言者のもう一人のユダヤ人妻ライハーナは、ナディール族とは別のメディナ三大ユダヤ氏族、クライザ族に所属した。同氏族も他の二氏族（ナディール族とカイヌカー族）同様、預言者に対する反対活動を行なった。が、クライザ族の悲惨な運命は、他の二氏族をはるかにしのぐものだった。

六二七年五月、預言者率いるイスラム軍がメディナ南部にあったクライザ族の砦を包囲した。同氏族はイスラム軍の長期の包囲にたまりかねて降伏した。

イスラム軍がクライザ族に下した判決は過酷だった。「男は死刑、財産は分割、女、子供は捕虜とする」が、その内容だった。この判決は変更なく執行された。処刑された同部族の成人男子は、伝承によって数は異なるが、六百人から九百人にも上ったという。

ライハーナも例外ではなかった。イスラム軍が下した判決に従い捕虜となった。しかし、預言者は彼女を奴隷とはせず、妻にしようと申し出た。だが、彼女はこの申し出を拒否、イスラム教徒に改宗することも拒んだという。前嶋氏が「ライハーナは異教徒だった」と書いたのは、彼女の改宗拒否を指すようだ。

預言者の伝承はハディースと呼ばれる。その一つに、預言者のユダヤ教徒との結婚に対する当時のアラブ人ムスリム社会の反応に触れたものがある。それによると、預言者はあざけりを受けたという。しかし、預言者は悪びれることなく、「アロンは私の父であり、モーセは私の伯父である」と誇らかに宣言したという。

Ⅳ章　パレスチナ過激派などの反ユダヤ論理

イスラム過激派が〝ユダヤ権益〟を標的にする理由

トルコ最大の商業・観光都市イスタンブールで二〇〇二年十一月十五日、二つのシナゴーグがアルカーイダのテロ攻撃を受けた。襲撃されたのは同市最大のシナゴーグ、ネベ・シャロームと、五キロ離れたベス・イスラエルで、同時刻に建物前で車爆弾が爆発した。この日はユダヤ教の安息日で、両シナゴーグには多くのユダヤ人が礼拝に訪れていた。意図的に安息日を狙ったこのテロで、通行人を含め二十七人が死亡、約三〇〇人が負傷した。

シナゴーグはじめ〝ユダヤ権益〟はアメリカ権益とともに、アルカーイダの第一の攻撃目標だ。九・一一テロ後でも、〇二年四月チュニジアの保養地ジェルバ島でシナゴーグを爆破しドイツ人観光客ら十六人を殺害した。

ネベ・シャロームのテロ現場

また、同年十一月ケニア南東部の保養地モンバサで、イスラエル資本のホテルを自動車爆弾で自爆攻撃した。イスラエル人三人を含め十五人が死亡した。加えて、ほぼ同時刻にモンバサ空港を離陸したイスラエル旅客機に地対空ミサイル二発を発射したが、幸いはずれた。イスラエル民間航空機は追尾ミサイル撹乱装置を搭載している。さらに、昨年五月モロッコの最大都市カサブランカで連続自爆テロを起こし四十五人を殺害した。その標的五カ所のうち二つはユダヤ人コミュニティー・センターとユダヤ人墓地だった。

ビンラーディンのジハード宣言

ところで、アルカーイダはなぜ〝ユダヤ権益〟を第一の標的とするのか。

同組織最高指導者ウサマ・ビンラーディンの「基本的な哲学を凝縮した」と形容されるものに、一九九六年八月潜伏先のアフガニスタンから発表した「二聖モスクの地を占領するアメリカ人に対するジハード宣言」がある。サウジアラビア出身のアラブ人ビンラーディンはここで、「二聖モスクの地（アラビア半島の意）および預言者の最遠のモスク（エルサレム旧市街のアルアクサー・モスク）への道程を占領しているアメリカ・イスラエル連合という敵に対しウンマ（イスラム共同体）を準備させ、唱導するために最大限の努力が行なわれねばならない」と述べている。

ここで言う「アクサー・モスクへの道程」とはエルサレムを中心とするパレスチナのこと。つまり、ユダヤ人国家イスラエルをテロの標的にするのは、同国がエルサレム・パレスチナを侵略・占領しているため、というわけだ。

ビンラーディンはまた、そのエルサレムについて「最初のキブラ（ムスリムの礼拝の方向）、預言者の夜の旅の道程」と表現している。最初のキブラとは、ムスリム（イスラム教徒）が当初エルサレムに向かって礼拝していたこと、また預言者の夜の旅とは、ある夜イスラム教の預言者ムハンマドがエルサレムに奇跡の旅を行ない、神殿の丘から昇天したことを指す。なお、夜の旅についてはⅡ章「イラン大統領の過激発言」の項でも触れた。

アルカーイダはイスタンブール同時自爆テロの翌日、ロンドンの汎アラブ紙に送った犯行声明で、「（米国が）対テロ戦争の名前で行なっているイスラムとムスリムに対する」戦争を停止し、「エルサレムとカシミールを含め、ユダヤ人とアメリカ人によって冒涜されたすべてのムスリムの土地から引き揚げる」よう要求した。まさに、ビンラーディンの考えだ。

一方、アルカーイダのナンバー2で理論指導者のアイマン・ザワーヒリ（一九五一～）は九・一一テロ後間もなく発表した著作『預言者の旗の下の騎士たち』で〝ユダヤ権益〟をテロの標的とする効果をこうも述べている。ザワーヒリはエジプト出身のアラブ人だ。

ザワーヒリ

「アメリカ人とユダヤ人を我々の国（ムスリム国家の意）で撃つことにより、我々は三度勝利することができる。……第二に、ムスリム社会が好む標的（イスラエル、ユダヤ人の意）つまり、それを撃つ者たちにムスリム社会が同情する標的を選ぶとき、ムスリム社会を味方に引き入れることができる」

トルコ・イスラム主義者のイスラエル観

さて、イスタンブールの二つのシナゴーグが同時爆破されたトルコは、国民の九九パーセントがムスリムの、いわゆるムスリム国家だ。しかし、一九二八年以来、イスラム教は国教の地位から下ろされている。

この点、同じムスリム国家とはいえイスラム教を国教とするアラブ諸国とは大きく異なる。もちろん民族は異なるが、対ユダヤ感情も違い、トルコはムスリム国家として初めてイスラエルを承認、また親密な関係を続けてきた。

それだけにトルコとアラブ諸国では、それぞれのイスラム過激派の考えにも大きなずれがある。しかし、共通するのが反ユダヤ主義だ。

「資本主義を通じた人民の抑圧は、一方では反乱と戦争を招き、他方では資本主義を新たな制度と取り替える努力を招くことになった。この努力から共産主義が台頭した。……資本主義においては、資本家が少数であることが、抑圧の要因だ。共産主義は抑圧の七〇年を経て崩壊したが、社会主義（共産主義）同様（人民を）抑圧してきた資本主義も、いずれ崩壊する運命にある。資本主義を抑圧の道具として存続させているのは、帝国主義とシオニズムである。したがって、資本主義は人為的に存続させられているのである」

これはトルコの著名なイスラム主義政治家ネジメッティン・エルバカン元首相が、ソ連崩壊直後の一九九一年に発表した著作『正義の経済制度』の一部だ。元首相はこの中で、帝国主義とシオニズムを「悪の根源」と決めつけている。元首相は決して過激派ではなく、そのイスラエル観はトルコの多くのイスラム主義者に共通すると見てよいだろう。

アッバースＰＡ議長が書いた反ユダヤ主義本

「戦争（第二次世界大戦）後、（ナチスの）犠牲者の中には六百万人のユダヤ人がおり、（ナチスの）絶滅戦争の主要な標的はユダヤ人だったとの話が広がった。……しかし、誰もこの数字を確認や否定できないのが真実だ。つまり、ユダヤ人犠牲者の数が六百万人に達することもありうるし、と同時に、その数がずいぶんと少なく、百万人にすら満たないこともありうる」

実はこれは、パレスチナ暫定自治政府（ＰＡ）議長マフムード・アッバース氏（70）が書いた文章だ。氏は二〇〇五年一月はじめＰＡ議長選に当選し、前年十一月急死したアラファト前議長を継ぐパレスチナ政治の最高権力者となった。氏は一九八三年『向こう側・ナチスとシオニズム運動指導部との秘密の関係』というアラビア語の本を出版した。先の

アッバース

文章はこの〝反ユダヤ主義本〟の中の一節だ。

アッバース氏はほとんどのパレスチナ人と同様ムスリムだ。同氏の信仰について英オックスフォード大学聖アントニー・カレッジのシニアアソシエイツ、フセイン・アガ氏は「イスラムに霊感を吹き込まれた、心底敬虔なムスリムだ。しかし、政治における宗教の役割については拒否反応を示す。氏は毎日礼拝し、ラマダン月には断食を行なう。だが、人前では行なわない。宗教はあくまでプライベートな信仰と感じているようだ」と述べる。

アッバース氏は先の本でこうも書いている。

「ヒトラーのナチスとシオニズム運動指導部の間には、パートナーシップが樹立された。……シオニストは、ヒトラーとナチスに率いられた世界中のすべての人種差別主義者に、それがパレスチナへの移住を保証する限り、ユダヤ人を好きなように扱ってよいという許可を与えた」

アッバース議長は「心底敬虔なイスラム教徒」

〝反ユダヤ主義の確信犯〟に見えるアッバース氏だが、どんな経歴か。

アッバース氏は一九三五年三月、英国の委任統治下にあったイスラエル北部のサフェドに生まれた。ユダヤ神秘主義の中心地だが、当時住民の多くはアラブ人だった。同市はまた、ヤギの乳から製造するチーズで知られ、氏の生家も有名なチーズ商人の一人だった。しかし、氏が十三歳の時、パレスチナ戦争が勃発した。アラブ人住民の大半が避難を余儀なくされた。氏の一家も近くのシリア領ゴラン高原に避難し、後に首都ダマスカスに移った。

一家はダマスカスで小規模のスーパーマーケット・チェーン店を開業した。氏も一時家業を手伝うため学業を停止した。が、二年後学校に戻り、後にダマスカス大学法学部を卒業した。この後エジプトのカイロ大学やモスクワ東方大学で学業を、いわば断続的に継続した。八二年モスクワ東方大学で歴史学博士号を取得した。この時書いた博士論文が前述の〝反ユダヤ主義本〟の原本となった。

アッバース氏は五七年カタールに移住し、教育省に勤めた。この年、隣国クウェートでパレスチナ地下運動組織ファタハが結成されると、その創設メンバーになった。指導者はアラファトＰＡ前議長だった。

ファタハは六日間戦争（六七年六月）後、パレスチナ解放機構（ＰＬＯ）を掌握し、パレスチナ政治の支配勢力となった。アッバース氏はこの後長く前議長の黒子役を務め、表舞台に出ることはなかった。

氏が国際的な注目を浴びたのは、九三年「パレスチナ暫定自治に関する諸原則の宣言」（オスロ合意）の締結だった。パレスチナとイスラエルの初めての和平協定となった同合意は、前年暮れからオスロで行なわれた秘密交渉で達成された。同交渉のパレスチナ側責任者がアッバース氏だった。氏は、九三年九月ホワイトハウスで行なわれた調印式に前議長と共に出席し、同合意に署名した。

ところで、アッバース氏とアラファト前議長は決して一心同体ではなかった。二人の確執の契機になったのもオスロ合意だった。氏は同合意締結によって「革命」（対イスラエル武装闘争の意）は終わり、パレスチナ国家の国造りが最優先事項になったと主張した。しかし、アラファト前議長は違った。樹立されるパレスチナ国家の歴史的な初代元首になることは望んだが、国造りそのものには関心が薄かった。

二〇〇〇年九月パレスチナ人の新たなインティファーダ（反イスラエル占領闘争）が勃発した。状況は日増しに悪化し、前議長はイスラエルと米国の信頼を完全に失った。こうしたなかアッバース氏は〇三年四月、新設ポストのPA首相に就任した。が、前議長との確執が深刻化し、わずか四か月半で辞任に追い込まれた。その一年二カ月後、前議長が急死して、氏の真の出番が回ってきた。

アッバース議長が、イスラエル紙の詰問に答えた弁解

ここで、冒頭に取り上げたアッバース氏の〝反ユダヤ主義本〟に戻ろう。この本の存在は九五年、イスラエル・マスコミの知るところとなった。オスロ合意二年後のことだ。氏はイスラエル紙マアリブの詰問に、こう弁解した。

「私が『向こう側』を書いたとき……我々はイスラエルと戦争を行なっていた」「今であれば、そうした言及はしなかったろう……今や平和が存在する。私が今後書くことは、和平プロセスの進展を助けるものでなければならない」

アッバース氏のこの弁解を、あるユダヤ紙は「(ナチスのユダヤ人大殺戮)問題を(イスラエル・パレスチナ抗争という地域)政治の枠内で捉え(矮小化す)る誠意のない試み」と表現した。実際のところは、どう受け止めるべきか。

前向きな部分を評価し、氏は反省したと受け止めるべきか。それとも、戦争状態が戻ってくれれば、改めて〝反ユダヤ主義〟発言を行なうと受け止めるべきか。その答えはいずれ、アッバース議長の内外政策の中に現れてこよう。

パレスチナ人ウラマーの反ユダヤ主義説教

「(復活の)時は、ムスリム(イスラム教徒)がユダヤ人と戦争をし、彼らを殺すまではやってこない。そしてユダヤ人が岩と木の背後に隠れるまでは(やってこない)、その時、岩と木は言う。『ムスリムよ、アッラーの召し使いよ。私の背後にユダヤ人が(隠れて)いる。来て、こいつを殺せ』」

イスラム教の教義はコーランとハディースから構成されている。コーランは周知のように唯一神アッラーが預言者ムハンマドに与えた啓示を集大成したもの。一方、ハディースはその預言者の言行録である。『イスラーム辞典』(黒田壽郎編、東京堂出版)はハディースについて「預言者ムハンマドの言行(スンナ)に関する伝承をいう。それればかりでなく彼の優れた教友に関するものも含まれる」と言う。

ハディースはまたイスラム教の律法シャリーア（イスラム法）の、コーランに次ぐ法源である。

『イスラーム辞典』はこう言う。「前者（コーラン）は神の言葉であり、後者（ハディース）が神の意志を体現してはいるものの一人の人間の言行であるという点で、質的にも優劣があることは否めない。しかし、信者たちは……預言者ムハンマドの言行を聖行（スンナ）として認め、それを『クルアーン』（コーラン）に次ぐ拠りどころとした。（イスラム）法学者たちは、収集された伝承に記された聖行を『クルアーン』とともに法源として公認しているのである」

筆者はこのシリーズで、ムスリム世界に広がる反ユダヤ主義の根の、少なくとも一部はコーランの内容にあることを紹介してきた。ハディースも同様である。

冒頭に挙げた一文は、その典型例と言ってよい。ムスリムの反ユダヤ主義者が頻繁に口にするハディースだ。筆者はこれに接する度、いつも肌に粟が生じる感じがする。連想するのは、一九九七年十一月エジプト・ルクソールの古代遺跡「ハトシェプスト女王葬祭殿」でイスラム原理主義グループに殺害された日本人ら外国人観光客のことだ。息を潜めて神殿の石柱の影に隠れたものの、犯人たちに探し出されナイフで切り刻まれる姿だ。

「ユダヤ人は、エイズに似たビールスである」

二〇〇五年五月十三日の金曜日、パレスチナ・ガザのモスクの集団礼拝で説教したイブラヒム・ムダイリス師は、前述のハディースに触れながら持論の反ユダヤ主義論を言いつのった。師はパレスチナのイスラム過激組織ハマースのメンバーとも噂される過激派宗教者だが、パレスチナ自治政府宗教（担当）省から給与を得、「コーラン勉学協会」の会長も務めているという。パレスチナの代表的宗教者と言ってよいだろう。その反ユダヤ主義説教が外部に知れたのは、パレスチナ・テレビで自治区内に放映されたからだ。

さて、ムダイリス師はどんな反ユダヤ主義論を展開したのか。エルサレムの「パレスチナ・メディア・ウオッチ」によると、以下の七点を骨子とした。

一、ユダヤ人は、ムハンマドがコーランの中で警告したとおりの邪悪な特性を生まれながら持っている。

二、ユダヤ人は全歴史を通じて紛争の源であった。「ユダヤ人はエイズに似たビールスであり、全世界がそれによって苦しむ」

三、歴史を通じ、ユダヤ人に対する迫害はユダヤ人の悪行に対する数多くの国の自衛のための自然の対応として呈示された。イギリス、フランス、ポルトガル、帝政ロシア、ナチス・ドイツ、これらすべてがユダヤ人を迫害し、あるいは追放したのは自衛と報復のためだった。

四、シオニズムは、イギリスによって作り出され、同国のユダヤ人問題の解決するためにユダヤ人をイスラエルに送り込んだ。

五、唯一神（アッラー）は、ユダヤ人問題がユダヤ人の絶滅とともに解決されることを予め決定した。

六、唯一神（アッラー）は、キリスト教とイスラム教の相互作用が今日のキリスト教国家がイスラムの（支配の）下にはいることで終結することを予め決定した。

七、イスラエルには存在する権利がなく、破壊される。

ムダイリス師は二の点では、こう述べた。

「イスラエル国家の樹立により、ムスリム信仰共同体全体が敗れた。なぜなら、イスラエルはイスラム信仰共同体の身体に広がる癌である。ユダヤ人はエイズに類似したビールスであり、全世界がそれに苦しんでいる。これは歴史の中で証明されている。歴史を読め。……ユダヤ人が地上のあらゆる紛争の背後にいたことがわかるだろう。諸民族の苦痛。その背後にユダヤ人がいる」

そして終わりの部分で、前述のハディースに触れながら次のように語った。

「我々（ムスリム）は（かつて）世界を支配した。そして、アッラーのおかげにより、我々が（再び）世界を支配する日がやってくる。その日はやってくる。そして、我々はアメリカ、イギリスを支配し、ユダヤ人を除いた全世界を支配するだろう。ユダヤ人が我々の支配の下で快く生きることは永遠にない。なぜなら、彼らは歴史を通じて、まさに裏切り者だったからだ。

ユダヤ人から苦しみを受けたあらゆるものが、木や石までもが、ユダヤ人を排除して安らぐ日がやって来る。あなた方の『最愛の人』（預言者ムハンマド）に耳を傾けよ。預言者は、ユダヤ人を待ちかまえている最も恐るべき最期についてこう言われた。木や石までもが、ムスリムがすべてのユダヤ人に最期の時を与えることを望んでいる、と。これは、あなた方の誰もが知っているハディースだ」

ハマースの反ユダヤ主義

筆者は「読売ウイークリー」二〇〇六年三月六日発売号のコラム「世界時計」で、パレスチナのイスラム原理主義組織ハマースが同年一月に行なわれた評議会（パレスチナの国会に相当）選挙で大勝したことを取り上げた。

イスラム原理主義政府

はじめに「ハマースは一月下旬、評議会選挙に初参加し、大勝した。アッバース自治政府議長（大統領に相当）もこの結果を受け入れ、二月下旬ハマース幹部のイスマーイール・ハニヤ氏（43）に組閣を要請した。組閣が成功すれば、民主的選挙で選ばれた史上初のイスラム原理主義（以下、原理主義と略す）政府が誕生する」と述べながら、末尾でこう結論づけた。

「もっとも、パレスチナ民衆のハマース支持が今後も長く続くかどうかは疑わしい。ハマースがイスラエル承認を拒否し続けるなら、国際社会はパレスチナ支援をやめ、民衆の生活は極端に悪化しよう。が、ハマースは反ユダヤ主義の原理主義の立場から〝究極の敵〟ユダヤ人国家抹殺の主張は落とせない。いずれ、アッバース議長の世俗主義与党ファタハの出番が回ってきそうだ」

ハマース憲章

筆者が「ハマースは反ユダヤ主義の立場からイスラエル抹殺の主張は落とせない」と決めつけたことには、もちろん理由がある。最大の根拠は、反ユダヤ主義の言辞がふんだんに盛り込まれた「ハマース憲章」だ。

ハマースの正式名称はアラビア語のハラカト・ル・ムカーワマト・ル・イスラーミヤ（イスラム抵抗運動）。その頭文字を取った略称がハマースだ。また、ハマースだけで「熱狂」の意味もある。結成は、一九八七年暮れパレスチナ住民のインティファーダ（反イスラエル占領闘争）が勃発した直後とされる。母体はエジプト起源のパレスチナ原理主義組織「ムスリム同胞団」だった。

ヤーシーン

ハマースの創始者はイスラム法学者でムスリム同胞団幹部のアフマド・ヤーシーン師（一九三六～二〇〇四）。同師を精神指導者とする若者、学生グループが、組織の中核部隊となった。盟約である憲章は八八年八月、発表された。

憲章はまず前文でムスリム同胞団創始者のエジプト人ハサン・バンナー（一九〇六～四九）の発言「イスラエルは存在し、存在を続けるだろう、しかし、それはイスラムがこれまで他のもの（国家）を抹殺したように、イスラエルを抹殺するまでの間のこと」を引用し、組織の目標としてイスラエル抹殺をうたう。憲章は同時に、反ユダヤ主義がハマースの政治教義の基盤を構成していることを明確に示す。悪名高い反ユダヤ主義の偽書『シオン賢者の議定書』に似たユダヤ人陰謀説も登場する。

例えば、第二二条はこう言う。「彼ら（シオニスト）は第一次世界大戦の後ろ盾となった……そして国際連盟を形成した。それは、同連盟を通じて世界を支配するためだった。（シオニストは）第二次世界大戦の後ろ盾にもなった。同大戦を通じて、彼らは巨額の財政利益を得た……彼らが関係しない戦争はどこにもない」

第七条には、ユダヤ人に関する預言者ムハンマドの発言（ハディース）が紹介されている。「（最後の）審判の日は、ムスリムがユダヤ人と戦い、彼らを殺害するまではやって来ない。（最後の審判の時）ユダヤ人は岩と樹木の背後に身を隠す。しかし、岩と樹木が叫ぶ。『おお、ムスリムよ、ユダヤ人が私の背後に隠れている、来て、彼らを殺せ』と」

ハマース内閣首相、イスラエル承認発言を訂正

ところで、〇六年二月二十八日、読売新聞に「ハニヤ氏、イスラエル承認に言及――パレスチナ主権尊重、条件に」という記事が掲載された。同記事は、こう伝えた。

「パレスチナ自治政府の首相に指名されたイスラム原理主義組織ハマース幹部のイスマーイール・ハニヤ氏は二十六日、読売新聞との単独会見に応じ、『イスラエルが（将来の）パレスチナ国家の主権を尊重すると宣言すれば、共存に向けて話し合う用意がある』と言明した。ハマースが設立憲章で掲げる『イスラエル殲滅（せんめつ）』の基本方針転換の用意があることを示したものだ」

実は、この二日前の二十六日付米有力紙ワシントン・ポストも、インタビューに応じたハニヤ氏が、「もしイスラエルが一九六七年の境界に撤退するならば、われわれは段階的に平和を樹立するだろう」と述べたと報じた。この記事は日本の一部新聞にも転電され、

「〝イスラエル承認〟も、パレスチナ次期首相が言明」などと報じられた。

読売、ワシントン・ポスト両紙の記事を額面どおりに受けとめるなら、「ハマースは反ユダヤ主義の立場からイスラエル抹殺の主張は落とせない」とする筆者の見通しは覆されたことになる。だが、果たしてハニヤ氏は、ハマース憲章の核心、イスラエル抹殺主張を撤回し、イスラエル承認に繋がる発言に踏み込んだのか。

その判断材料となる〝事件〟が、早くも二十六日発生した。ガザで報道陣にワシントン・ポストとの会見内容を質されたハニヤ氏が、自分の発言は「誤解された」と会見記事の一部を訂正したからだ。米AP通信は、その模様をこう報じた。

「二十六日付けのワシントン・ポストによると、ハニヤ氏は、もしイスラエルが――西岸、ガザ地区、東エルサレムを獲得する以前の――一九六七年の境界に撤退するならば、ハマースは『段階的に平和』を樹立するだろうと語ったという。しかし、ハニヤ氏は二十六日、報道陣に対し、自分の発言は誤解されたと述べ、平和条約ではなく『政治的休戦』に言及したにすぎないと語った」

やはり、ハニヤ氏はイスラエル承認発言には踏み込んではいなかった。氏が西側世界の歓心を買うため、意識的に誤解を招く発言を行なった疑いは濃い。

エジプト・イスラム過激派の自爆テロと反ユダヤ主義

エジプト・シナイ半島のアカバ湾沿いにダハブ、アラビア語で「金」という名前の保養地がある。ウィンドサーフィンの世界的なスポットの一つだ。この町の繁華街で、二〇〇六年四月二十四日晩、三件の自爆テロが発生した。犠牲者は二十一人に上った。二人のロシア人やドイツ人少年など外国人旅行者にも死者が出た。

二日後、同じシナイ半島の北部エルゴラに駐屯する米軍主体の「多国籍軍・監視団（MFO）」基地近くで二件の自爆テロが起きた。一件目は、一人の自爆犯が基地近くに停めてあったMFOの車両二台を狙って自爆。もう一件は、これも一人の自爆犯が自転車に爆弾を積み、最初の自爆テロ現場に向かっていたエジプト人警官の車を狙って自爆した。MFO当局者の話だと、二件とも自爆犯以外に死傷者はなかったという。

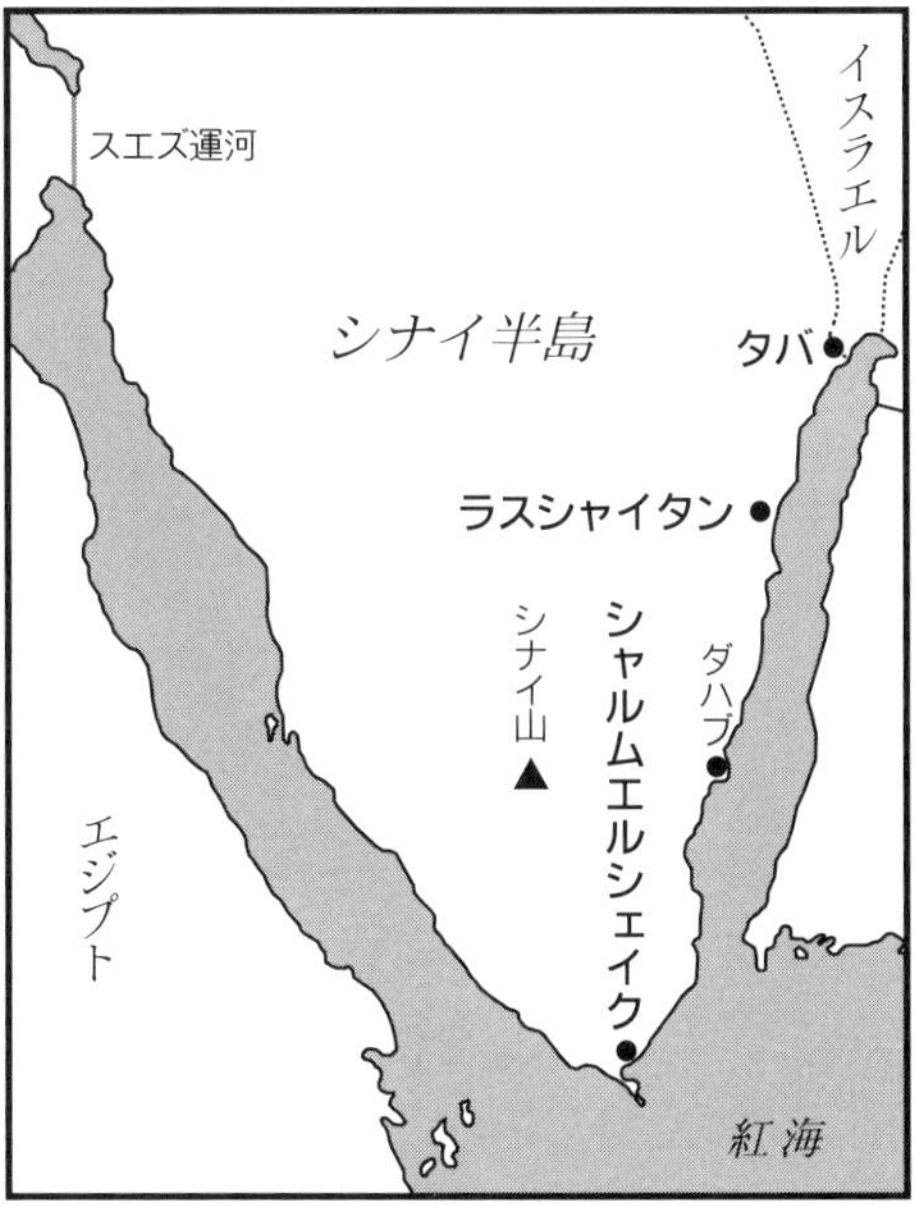

シナイ半島では過去二年、今回を含め間隔を置きながら三件の大規模な爆弾テロが起きている。最初は〇四年十月、アカバ湾奥の保養地タバとラスシャイタンが自爆テロに遭った。犠牲者は三十四人に上った。二度目は翌年七月、半島南端のシャルムエルシェイクで起きた。高級ホテルや市場などが自爆テロに襲撃され、六十四人が死亡した。

エジプト治安当局は今年四月までに、タバとラスシャイタン、それにシャルムエルシェイクの爆弾テロについて、シナイ半島の地元イスラム過激組織「タウヒード・ワ・ジハード（神の唯一性と聖戦）」の犯行と断定した。エジプトの英字週刊紙アハラム・ウイークリーによると、治安当局はまた、今回のダハブ自爆テロについても同一組織の犯行と見なしている。

日本のマスメディアに欠落した視点

さて、この組織はダハブ同時爆弾テロで何を狙ったのか。読売新聞四月二十五日付は、「付近で過去二年間に発生した大規模テロ二件と同様、国際的テロ組織アルカーイダの過激思想を共有する地元細胞が、エジプトを代表する国際的保養地である同半島を標的とすることで、親米エジプト政府の権威失墜を狙ったものとの見方が支配的だ」と報じた。

だが、この見方には、日本のマスメディアに共通する〃視点の欠落〃がある。タウヒード・ワ・ジハードが反ユダヤ主義のイスラム過激組織であり、観光などでシナイ半島を訪れていた隣国イスラエルの国民、つまりユダヤ人を第一に狙ったという視点だ。

タウヒード・ワ・ジハードの反ユダヤ主義は、同組織が発表したとされる唯一の声明――シャルムエルシェイク・テロ直後の〇五年七月二十六日付けの犯行声明にはっきり現れている。同声明は、こう述べた。

「エジプトのタウヒード・ワ・ジハード運動は、ユダヤ人とキリスト教徒をムスリムの地から駆逐するために両教徒との戦いを続けている。この戦いはシナイ（半島）における悪の源、そしてシオニスト（ユダヤ民族主義者）の売春に対するタバ、ラスシャイタン、ヌエイバ（タバ南方の港町）の戦いで始まった」と。

この声明で、とりわけ注目されるのは「シオニストの売春」という言葉だ。反ユダヤ主義を端的に表す表現と言えよう。

ムスリム同胞団の子供向けサイトの反ユダヤ主義

さて、筆者は前回、パレスチナのイスラム過激政党ハマースと、その母組織「ムスリム同胞団」の反ユダヤ主義を指摘したが、米国の中東報道研究機関（ＭＥＭＲＩ）は四月十八日ウェブサイトに掲載した記事で、ムスリム同胞団の反ユダヤ主義を紹介している。同記事は「ユダヤ人はアッラーの預言者たちを殺した。また子供たちを殺し、イスラム諸国に対して陰謀をめぐらす」という中見出しで、こう伝えた。

――（同胞団の子供向け）サイトはジハードと抵抗運動を賞賛する記事を掲載するとともに、反ユダヤ主義にスポットを当てている。例えば、「一般教養」と言うページの……「君は知っていたか」という記事は次のように言う。

「君は知っていたか。ユダヤ人がアッラーの預言者二十五人を殺害したこと、また、彼らの暗黒の歴史が殺人と堕落の罪で満たされていることを」

「君は知っていたか。犯罪者のユダヤ人がしばしば我々の主の悪口を言い、悪態をついていることを。彼らの発言の中に、『アッラーの手は鎖で縛られている（人間に自由に恵みを授けることはできない）』（コーラン第五章「食卓」六十四節）という発言がある。（しかし）アッラーは、これを超越している」

「君は知っていたか。ユダヤ人が、我々の最愛の預言者（ムハンマド）の暗殺を何度か図った。が、全能のアッラーは、ユダヤ人の陰謀から預言者を救われたことを」

「君は知っていたか。現在世界に広がる堕落と逸脱は、ユダヤ人による活動と計画の結果であることを。彼らの関心は、アッラーの道から人々を迷わせ、遠ざけることにある」

「君は知っていたか。我々の最愛のパレスチナの地と聖地を占領するユダヤ人が、その他のムスリム諸国家の占領も計画していること、ユーフラテス川からナイル川に至る大イスラエルの樹立を計画していること、ユダヤ人が我々の最愛の預言者の墓で発掘を計画していることを」

「君は知っていたか。ユダヤ人が今日、テロに対する戦争の名目でイスラムとムスリムに対し全世界を煽動していることを。また、ユダヤ人が、イラクとアフガニスタンに対して行なったように、その他のムスリム諸国に対しても陰謀を企てていることを」

また、このサイトの「メンバー参加」セクションの「子供たちの殺害はユダヤ教の一部」という記事で、筆者のマフムード・ナビールは、こう主張する。「（他者を）殺害するユダヤ人の理念、この、まさに祭儀のレベルにまで達した理念に関し（ユダヤ教の律法）トーラーから証拠を集めることは可能である。例証はイザヤ書と申命記に示されている」と。

パレスチナ紛争にアルカーイダ系組織参入か

二〇〇六年六月二十五日、パレスチナ・ガザ地区の武装勢力がイスラエル南部に侵入して同国軍陣地を襲撃した。襲撃グループはイスラム原理主義三組織の合同部隊で、トンネルを掘ってイスラエル領に侵入。RPGや自動小銃で攻撃し、イスラエル兵二人を殺害し、さらにギルアド・シャリット伍長（19）を拉致してガザ地区に戻った。交戦で、襲撃グループも二人が死亡した。

この襲撃は、イスラエルが前年九月ガザ地区から撤退して以来初の本格的な越境攻撃だった。また、パレスチナ武装勢力によるイスラエル兵の拉致は十二年ぶり。事態を重視したイスラエル政府は、まずシャリット伍長救出を第一の目的に、ガザ地区に大規模な部隊を侵攻させた。しかし、襲撃グループが伍長の釈放を拒否。このためイスラエル軍の侵

シャリット

攻作戦は長期化し、パレスチナ情勢は日ごとに悪化した。

ところで、襲撃グループの発表だと、構成組織はイッザディーン・カッサーム旅団、アッナーシル・サラーフッディン旅団、イスラム軍（ジャイシュ・イスラム）の三組織。一番目は、パレスチナ自治政府を握るハマースの武装部門、二番目はハマースに近い武装勢力「人民抵抗委員会」の武装部門。問題は三番目のイスラム軍。これまで無名の組織だが、襲撃声明の内容などからアルカーイダ系組織との疑いが強まったからだ。

「イスラム軍」の性格

イスラム軍の性格に最初に注目したのはフランス通信（ＡＦＰ）だった。襲撃事件の二日後、「イスラム軍の名前は今年五月パレスチナでリーフレットを配付した際浮上した。イスラエル諜報機関は、イスラム軍がアルカーイダと繋がりがあると疑っている」と報じた。

また、同通信によると、イスラム軍はインターネットの襲撃声明でイスラム世界に向け「パレスチナの領域に（真正な）イスラム国家が樹立されるまで攻撃を継続する」と誓い、こう述べた。

「イスラム軍内のあなた方の（宗教）兄弟は（イッザディーン）カッサーム旅団とアッナーシル・サラーフッディン旅団と共に一つの作戦を実施した。この作戦は他の作戦に先駆けるものであり……イスラム・カリフ制の樹立を目指すものである」

イスラム軍の声明はさらに、こう続けた。

「我々は一片の土地（の回復）や、錯覚に基づく境界線や、民族主義のためにジハード（聖戦）を展開しているのではない……我々のジハードは、より高尚なものである」「この宗教（イスラム）は、一つの世代――（世俗的な）快楽で堕落し、専制的諸政府の治安機関によって打ち砕かれた世代――を通じては勝利できないだろう」「我々のジハードは確固たる基盤に基礎を置き、占領と専制の終結を目的としている。これ（イスラエル軍陣地襲撃）はイスラム・カリフ制樹立への序曲である」

「無神論者とユダヤ人と背教者と戦う」

パレスチナ武装勢力によるイスラエル軍陣地襲撃、同軍下士官拉致から二週間後、イスラム軍に関する新たな分析報道が登場した。米紙ニューヨーク・タイムズ七月八日付で掲載された記事「アルカーイダのアジェンダを共有するように見える新たなグループ」がそれだ。パレスチナの隣国ヨルダンのイスラム原理主義運動専門家マルワン・シャハデとハサン・アブーハニエの話を中心に、次のように報じた。

「シャハデとアブーハニエはそれぞれ別個に、イスラム軍が（イスラエル軍陣地襲撃）作戦計画の中心的存在であり、その狙いは、ハマースを含めパレスチナ各派を、イスラエルとの政治プロセスから引き離すことだった、と言う。

両人はその証拠として、イスラム軍がアルカーイダ系ウェブサイトに掲載した声明とビデオを挙げる。イスラム軍はこの声明で、同組織が『一片の土地（の回復）』のために戦っているのではないとし、ムスリム世界全体に宗教的なカリフ制の回復を目指す宗教戦争を展開していると主張する。また、ビデオの大半にビンラーディンの肖像が登場した」

同記事はさらに言う。

「シャハデは最近、ヨルダンの新聞でイスラム軍に関する彼の考えを発表した。彼は（イスラム軍の登場について）『民族主義的運動ではなく、純粋なイスラム（原理主義）抵抗運動がイスラエルに対する抵抗運動に関わっているのは初めてのことだ』と言う。さらに、『彼らはハマース指導部、パレスチナの大統領マフムード・アッバース、アラブ諸政権を困らせた。彼らはあらゆる人々を罠にはめた』とも言う。
一方、パレスチナ過激グループに精通するアブーハニエによると、イスラム軍はハマースの政治プロセス参加意向に怒った過激派のグループによって結成された、しかも、イスラム軍の〝特異性〟は、信奉するアジェンダが民族主義的ではなく、純粋に宗教的なアジェンダであることだ。これはパレスチナ（の武装勢力）にとって初めてのことだ。
また、アブーハニエによると、イスラム軍はいわゆるタクフィール（破門）・イデオロギーを採用している。このイデオロギーは、一人のムスリムが別なムスリムを異端者・背教者と断罪し、その殺害を事実上許可する過激原理だ。アブーハニエは言う。『ユダヤ人やイスラエルに対してだけではない。たとえパレスチナ人であろうとも、もし宗教（イスラム）に従わないならば、その者たちを殺す（という原理だ）』
イスラム軍の反ユダヤ主義も明白だ。インターネットに掲載したビデオにはイスラエル軍陣地襲撃で〝殉教〟したイスラム軍メンバーも登場する。彼の〝遺言声明〟は言う。「私は、アッラーが私をイスラム軍に導いた後、愛すべきパレスチナの土地で、アッラーのためにジハードを実行し、無神論者とユダヤ人と背教者と戦うことを誓う」

「第二次レバノン戦争」と反ユダヤ主義発言

二〇〇六年七月十二日、レバノンのイスラム教シーア派政治・軍事組織ヒズブッラーがイスラエル北部の同軍パトロール隊を攻撃した。イスラエル側は総勢七人で、高機動多目的装備車両ハンビー二台に分乗し国境フェンスの内側をパトロールしていた。ヒズブッラーは、うち三人を殺害し、二人を負傷させ、二人を拉致した。この越境攻撃にイスラエル軍が大規模なレバノン侵攻作戦で対応し、一カ月を超すレバノン紛争が始まった。

イスラエル・アラブ間紛争が始まると、決まってアラブ側から噴き出してくるものがある。ウラマー（イスラム教における知識人・学者）らの反ユダヤ主義発言だ。今回も例に漏れず、エジプトのグランド・ムフティー（大法官）アリー・グムア師の発言が報じられた。大法官はエジプト大統領が任命し、大法官が発出する公式ファトワ（イスラム法判定）はエジプトのムスリム国民の規範となる。八月七日付エジプトの政府系紙アハラムによると、グムア師はこう述べた。

「レバノンの人々、レバノン政府、レバノンの抵抗運動に――そして、この美しい小国に挨拶を申し上げる。レバノンは、この地域――吸血の殺人鬼（イスラエルの意）によって制圧されたこの地域に、決意と勇気と自尊の理想がなお存在していることを世界に証明した。……

（イスラエルの）これらの虚偽は、フィルマンジが著書『タルムードの秘宝』で記述した吸血鬼の真の醜悪な顔を暴いた。この本は（ユダヤ人が）どのようにしてマッツォ（過ぎ越しの祭で食べる種なしパン）（の準備）を計画したか述べている。彼らは人間の血を使ったのだ。……」

この発言について中東報道研究機関（ＭＥＭＲＩ）はこう注釈している。「タルムードの秘宝（一八九九年）は、ユスフ・ハナ・ナスルッラー博士がアラビア語に翻訳した二つの本を編集したものである。一つは、反ユダヤ主義のアウグスト・ローリング博士の著作デア・タルムード・ユーデ（一八七一年）であり、もう一つは一八四〇年アキレ・ロレーヌが編集したシリアの歴史である」。しかし、フィルマンジが何ものなのかは触れていない。

ヒズブッラーの政治綱領はイスラエル抹殺

さて、今回のレバノン紛争は一部に「第二次レバノン戦争」と呼ばれる。一方「第一次レバノン戦争」と呼ばれるのは一九八二年に勃発したイスラエルのレバノン侵攻だ。第一次と第二次には決定的な違いがある。紛争の構造が異なる。第一次は、イスラエルと、当時南部レバノンを実効支配したパレスチナ解放機構（PLO）ゲリラとの戦いだった。これに対し、第二次レバノン戦争は前述したようにイスラエルとレバノンのシーア派原理主義勢力ヒズブッラーとの戦いだ。

ヒズブッラーの創設者がイスラム革命（七九年）間もないイランだったことはよく知られている。第一次レバノン戦争勃発直後、イランがレバノン東部ベカー高原にイスラム革命防衛隊員（IRGC）を送り込み、同地のシーア派教徒をリクルートして設立した。当初の設立目的は侵攻イスラエル軍に対する抵抗闘争だった。しかし、最終目標は攻撃的だった。宗教敵であるユダヤ人国家イスラエルの殲滅（せんめつ）だった。この目標について、ヒズブッラーの政治綱領（八五年発表）はこう述べる。

「我々がイスラエルとの戦いに置く第一の想定は——シオニストの政治実体（イスラエルの意）は元来侵略的であり、（本来の）所有者から奪った土地に、ムスリム人民の権利を犠牲にして建設された――ということだ。したがって、この政治実体が抹消されないかぎり、我々の戦いは終わらない。イスラエルとの協定は、いかなる停戦も、いかなる和平合意も、単独（協定）であれ集団（協定）であれ、我々は認めない」

反ユダヤ主義発言を繰り返すヒズブッラー指導者

ヒズブッラーの現指導者ナスルッラー書記長（一九六〇～）もイスラエル殲滅を公言してはばからない。例えば二〇〇〇年六月、エジプト・テレビのインタビューにこう語っている。イスラエルが第一次レバノン戦争以来占領してきた南レバノンから全面撤退した翌月のことだ。

ナスルッラー

「ヒズブッラー創設の中心的理由の一つは、シオニストの地域計画に挑戦することだった。ヒズブッラーは（イスラエル軍のレバノン撤退後も）なおこの原則を保持している。……

我々は、他の人民の土地を支配し、その土地から彼らを追い出し、恐ろしい虐殺を行なった政治実体に直面している。ご覧のように、これは違法な国家である。また、癌的な政治実体であり、すべての危機と戦争のルーツであり、この地域における真の、公正な平和をもたらす要因にはなりえない。

したがって、一部の人々が示唆したように、我々は遠い将来においても、このイスラエルと呼ばれる国家の存在を認めることはないし、時間が過ぎることでパレスチナ人の主張の合法性が却下されることもない」

イスラエル殲滅ばかりではない。ユダヤ人を誹謗する書記長の極端な反ユダヤ主義発言もしばしば指摘される。前述のMEMRIによると、書記長は〇六年二月三日ヒズブッラー所有の衛星テレビ局マナール（灯台の意）で、ユダヤ人を「猿と豚の子孫」と呼び、「アッラーの最も臆病かつ貪欲な被造物である」と語ったという。

また、米誌ニューヨーカー〇二年十月十四日付によると、書記長は「もし我々が全世界で（ユダヤ人よりも）臆病で、卑劣で、弱く、また魂、精神、イデオロギー、宗教上ひ弱な人物を捜そうとしても、ユダヤ人のような者は発見できないだろう」と発言。さらに、レバノン紙デイリー・スター〇二年十月二十三日付によると、「もし彼ら（ユダヤ人）がすべてイスラルに集合するなら、世界中で彼らを追い回す苦労がなくなる」と語っている。鳥肌が立つ発言だ。

テレビ子供番組の反ユダヤ主義

パレスチナ自治区のイスラム原理主義組織ハマースは、二〇〇七年六月半ば軍事クーデターで、自治区の西半分にあたるガザ地区を制圧した。ハマースの軍事部門は同地区から、対立する政治組織ファタハの軍事部門を短時間に一掃した。この結果、自治区は分裂し、西半分をハマースが、東半分にあたるヨルダン川西岸を世俗主義のファタハが支配する異常事態となった。

「明日の開拓者」という番組

ところで、イスラム原理主義運動の共通項のひとつに反ユダヤ主義がある。ハマースの反ユダヤ主義も顕著だ。その端的な例証とされ、公設のパレスチナ放送協会も反対を表明してきたテレビ番組がある。ハマース公式テレビ局の毎週放送の子供向けショー番組で、ミッキーマウスのそっくりさんがメインキャラクターの『明日の開拓者』だ。

実はこの番組、〇七年六月末に突然打ち切りとなった。ハマースのガザ地区制圧から半月後のことだ。同月二十九日の放送が、最終回となった。米AP通信は、その内容などをこう伝えた。

「（ファルフルという名前の）甲高い声を出す巨大な白黒のネズミをフィーチャーした番組（「明日の開拓者」）は、世界中の関心を集めた。というのも、このキャラクターが、パレスチナの子供たちにイスラエルと戦うよう唆（そそのか）したからだ。

このショー番組を放送してきたのは、ハマース下部機関のアクサー・テレビだった。同局幹部によると、この番組は新番組と交代するため打ち切りになったという。しかし、同局のマネージャー、ムハンマド・ビラール氏は、代わりに何が放送されるかは知らないと語った。

この番組についてイスラエル政府当局者は、扇動的であり常軌を逸していると非難してきた。ハマースの対立組織ファタハが監督する公設のパレスチナ放送協会も、この番組には反対してきた」

「明日の開拓者」の放送が始まったのは〇七年四月半ばだった。以来、子供向け番組にもかかわらず反ユダヤ主義宣伝を繰り返した。例えば、五月半ば放送分のエピソードは「パレスチナ人が学習することをユダヤ人は望んでいない」がポイントだった。インターネットのフリー百科事典ウィキペディア（英語版）は「明日の開拓者」の項目（〇七年七月三日掲載）で、その内容をこう紹介している。

「ファルフルは年末試験の準備をした。試験を受けると、その最中に不正行為を行なった。アクサー・テレビのレポーターがなぜ不正行為を行なったか尋ねると、『ユダヤ人が私の家庭を破壊し、私は瓦礫の中に本やノートを置いてきたからだ』と言い訳した。……　試験に失敗すると、彼は視聴者に向かってこう言った。『私はすべての子供たちに、試験の準備のため、どんどん読むよう呼びかける。というのも、ユダヤ人はわれわれが学ぶことを望まないからだ』と」

ファルフル

最終回も、例にもれず反ユダヤ主義宣伝の内容だった。ＡＰ通信の先の記事は書き出しにこう書いた。

「ハマース付属テレビの子供向けショー番組の最終回で、イスラムの優越性を説くミッキーマウスのそっくりさんが殴られて死亡した。番組の寸劇の中でのことだが（このミッキーマウスそっくりさんの）ファルフルは、彼の土地を買おうとするイスラエルの役人――ファルフルは、このイスラエル人をテロリストと呼ばわった――によって殺害された」

ミッキーマウスそっくりさんの〝殉教〟

さて、この寸劇はどう展開したのか。中東報道研究機関（ＭＥＭＲＩ）（〇七年七月三日掲載）によると、こんな具合だ。

＊

ファルフルの祖父「私は死ぬ前に、おまえに委ねたいものがある。ファルフルよ、それを守ってほしい」

ファルフル「おじいさん、私が守らねばならないものとは何ですか」

祖父「この土地――一九四八年に（イスラエルに占領された）この土地は、私が祖先から受け継いだものだ。これをお前に守ってほしい。この土地は美しい。すべてが花やオリーブやナツメヤシで覆われた土地だ。ファルフルよ、これをお前に守ってほしい」

ファルフル「おじいさん、その土地は何と呼ばれていますか」

祖父「タッル・アル・ラビーウ（アラビア語で「春の丘」の意）と呼ばれている。しかし、残念なことに、ユダヤ人はこの土地を占領すると、テルアビブ（同じ「春の丘」のヘブライ語）と呼んだ。……ファルフルよ、これをお前に守ってほしい。そこで、この鍵をお前にやる。ファルフルよ、この土地を取り返したなら、この鍵を使いなさい」……

（尋問を受けるファルフル）

尋問者「われわれが聞いたところだと、お前の祖父は土地の鍵と文書をお前に与えたそうだ」

ファルフル「誰から聞いたのですか」

尋問者「ファルフルよ、誰から聞いたかは、お前の知ったことではない。われわれが必要としているのは……」

ファルフル「ええ、何が望みなのか言ってください」

尋問者「ファルフルよ、土地の文書をわたしてほしい」

ファルフル「これが、その土地の文書です。その土地を守り、エルサレム解放のために使うようにと、祖父が私に委ねたものです。これらの土地が解放されたなら、われわれはそこに行って暮らします。この文書をあなた方に与えるですって。祖父は、そんなことは言わなかった」

尋問者「ファルフルよ、この土地をわれわれは買いたいのだ。お前にたくさんの金を与えたいのだ。お前はたくさんの金を得るし、われわれは文書を得る。それだけのことだ」

……

（獄中のファルフル）

司会者など「親愛なるわれわれの子供たちよ、われわれは最も親愛なる友人ファルフルを失った。彼は彼の土地、祖先の土地を守って殉教した。犯罪者、殺人者、無実な子供たちの殺害者の手によって殉教した」……

あとがき

一九九三年、イスラエルとパレスチナが「パレスチナ暫定自治に関する諸原則の宣言（オスロ合意）」に調印したころだったと記憶する。当時読売新聞のカイロ支局長だった筆者のもとに、エルサレム支局の若い同僚から、「今日、ちょっと驚くことがありました」と電話が入った。

彼の話だと、この日、エルサレム支局を訪ねてきた日本人の若い女性数人とパレスチナ紛争について話し合った。驚いたのは、女性たちが伝説のユダヤ教国家ハザール（カザール）に言及して「イスラエル国家樹立の不当性」を言い張ったことだった。彼女たちは、こんな風に語ったという。

「イスラエル国家は、欧州系のアシュケナジ・ユダヤ人が主体となって樹立した。しかし、彼らにはパレスチナに対する歴史的な領土請求権はなかった。というのも、彼らは古代イスラエルの子孫ではなく、かつてカスピ海近くに存在したハザールの子孫だからだ」

ユダヤ教国家ハザールの存在を短絡的に「イスラエル国家樹立の不当性」に結びつけるのは、中東アラブ世界ではよく知られた反ユダヤ主義神話だ。それを、パレスチナ紛争に直接かかわりのない日本人の、それも若い女性が熱を込めて主張する。その異様な取り合わせに、エルサレム支局の同僚は驚いたようだ。

筆者も驚いた。同時に不安を覚えたのは、反ユダヤ主義言説がパレスチナ紛争経由で日本社会にも浸透してきたことだった。しばらくして、筆者は週刊誌「読売ウイークリー」（二〇〇五年九月十八日号）のコラム欄「世界時計」で、この反ユダヤ主義神話を、こう紹介した。

＊

約千二百年前、カスピ海の北側にユダヤ教国家が栄えていたことをご存じだろうか。この国家の名前はハザール。読売新聞に以前、こんな紹介が掲載された。

「ハザールは、六世紀から十世紀ごろにかけ、中央アジアにトルコ系の遊牧民が打ち立てた王国。最盛期の八世紀ごろには、アラル海から黒海の北方にかけての一帯に勢力を誇った。西の東ローマ帝国、南のイスラム帝国のはざまにあって、八世紀にはユダヤ教に改宗した（中略）。
ユダヤ教への改宗は、交易のために流れてきたユダヤ人の影響があったほか、国の自立を守るため、キリスト教とイスラム教の二大宗教勢力から距離を置く意図もあったとされる。十世紀にキエフ・ロシアに攻略されたのをきっかけに、崩壊に追い込まれていった」

世界史の謎の一つとされるハザールだが、一九七六年中東紛争関係者の注目を集めることになった。ユダヤ人の著名な文筆家アーサー・ケストラー（一九〇五―八三）が「第十三番目の（イスラエル）部族・ハザール帝国とその遺産」という著作で、ハザール人こそアシュケナジ・ユダヤ人の祖先と主張したからだ。

アシュケナジ・ユダヤ人は一般に東欧系あるいは西欧系ユダヤ人として知られる。十九世紀末、近代シオニズム（ユダヤ民族主義）運動を立ち上げ、二十世紀半ば、パレスチナにユダヤ人国家イスラエルを再建した。それに先立ち、ナチス・ドイツのホロコースト（ユダヤ人大虐殺）の犠牲になったのもアシュケナジ・ユダヤ人だった。

イスラエル建国以前、パレスチナはアラブ人が大多数を占めていた。そこに入植者を送り込んだシオニズム運動は、アシュケナジ・ユダヤ人が、パレスチナを国土としたた古代イスラエル人の子孫であることを根拠とした。しかし、ケストラーが主張するように、彼らがカスピ海の北側に住んでいたトルコ系ハザール人の子孫なら、この根拠は危うくなる。

ケストラーの主張は一般に科学性が薄いと批判される。が、この主張に、領土を奪われたアラブ人はじめ反ユダヤ主義者が飛びついた。「ハザールの子孫であるアシュケナジ・ユダヤ人には、パレスチナに対する歴史的な関わりがない。したがって、彼らが建国したイスラエル国家は正当性を持たない。壊滅すべきだ」と声を上げた（後略）。

＊

この反ユダヤ主義言説は幸いなことに、日本でも近年言及する人が少なくなっている。根拠のなさが知れわたったのだろう。

例えば、ユダヤ人が紀元前一世紀に現在のドイツや東欧地域に住んでいたという歴史的事実がある。つまり、ハザール王国のはるか以前にアシュケナジ・ユダヤ人は存在していたわけだ。さらに、フリー百科事典ウィキペディア（英語版）（〇八年三月二十八日掲載）は、アシュケナジ・ユダヤ人の中東起源を証明する――つまりハザール人起源説を否定する――ＤＮＡ鑑定結果を紹介している。

中東イスラム世界に広がる反ユダヤ主義の実態を伝えるＭＥＭＲＩ

最後に「中東イスラム世界に広がる反ユダヤ主義」の実態を伝えてくれる貴重な情報源として、本書でも頻繁に引用した中東報道研究機関（ＭＥＭＲＩ）を推薦する。日本語版ＭＥＭＲＩのホームページは、こう言う。

「ＭＥＭＲＩはThe Middle East Media Research Instituteの頭文字をとった略称。一九九八年二月、アメリカの対中東政策をめぐる論議に関し、情報提供を目的として設立された超党派の非営利調査・研究機関。寄付行為で運営している。本部をワシントンにおき、ベルリン、ロンドン、エルサレムに支部があるほか、メディアセンターも有する。中東の生情報を、英独仏伊露及びヘブライ、トルコの七言語に翻訳し、インターネットで流しているが、今回これに日本語版（www.memri.jp）が加わることになった」

米有力紙ニューヨーク・タイムズ（二〇〇六年六月十八日付）も「最大の翻訳サービス（機関）で、創設者のイーガル・カーモン大佐は二十年以上もイスラエル軍の諜報機関で働いた。その後、顧問として二代のイスラエル首相に仕えた。同機関は六十人のスタッフがアラブとムスリムのメディアを精査し、その翻訳をジャーナリストや政府高官を含む十万人の契約者にＥメールで送っている」と伝えている。

二〇〇八年四月

藤原和彦

マ行

ヤ・ラ・ワ行

ハ行

タ行

ナ行

カ行

サ行

索　引

ア行

● 著者紹介
藤原和彦（ふじわら　かずひこ）
1943年(昭和18年)、岩手県一関市に生まれる。東京外国語大学アラビア語科卒業。読売新聞社入社後、長く外報部に勤務し、カイロ支局、ベイルート支局、ローマ支局員、カイロ支局長、調査研究本部主任研究員を経て、1998年9月退社。現在、独協大学・成蹊大学等非常勤講師、財団法人中東調査会参与。著書に『イスラム過激原理主義—なぜテロに走るのか』(中公新書)、『「対テロ戦争」から世界を読む』（自由国民社、共著)、『対テロリズム戦争』（中公新書ラクレ、共著）など。

● 参考資料

『コーラン』上、中、下　井筒俊彦訳　岩波文庫　1957年11月25日第一刷発行

『コーラン入門（Introduction to the Quran)』リチャード・ベル（Richard Bell）著、医王秀行（Hideyuki Io）訳、ちくま学芸文庫 2003年9月10日第一刷発行

『ユダヤ人はなぜ迫害されたか』デニス・プレガー（Dennis Prager）著、松宮克昌訳、ミルトス　1999年10月20日初版発行

"The Political Language of Islam" Bernard Lewis, The University of Chicago Press, Chicago and London, 1988

"The West, Christians, and Jews in Saudi Arabian Schoolbooks" Compiled, translated, and edited by Dr. Arnon Groiss Center for Monitoring the Impact of Peace and the American Jewish Committee, February 2003

アラブはなぜユダヤを嫌うのか

2008年6月10日　初版発行

著　者　藤　原　和　彦
発行者　河　合　一　充
発行所　株式会社　ミ　ル　ト　ス

〒102-0073　東京都千代田区九段北 1-10-5
九段桜ビル 2F
TEL 03-3288-2200　FAX 03-3288-2225
振　替　口　座　00140-0-134058
HP: http://myrtos.co.jp　✉ pub@myrtos.co.jp

印刷・製本　モリモト印刷　Printed in Japan　ISBN 978-4-89586-030-7
定価はカバーに表示してあります。